Manual do Profissional de
Secretariado

É inegável que, na realidade atual, o secretário deve estar munido de múltiplas competências, relacionadas a comportamentos, conhecimentos e habilidades. Isso porque as organizações passaram por significativas mudanças nas últimas décadas, exigindo de todos os profissionais, especialmente os de secretariado, que acompanhem essas transformações.

Esta coleção se constitui em uma resposta a essa demanda, que obriga o secretário a portar um novo perfil, mostrando-se capaz de ocupar o papel de grande relevância que lhe cabe nesse novo cenário empresarial. O objetivo é oferecer ao leitor orientações com as quais ele possa, de fato, otimizar sua prática e ampliar suas possibilidades de atuação na área.

v. I — Conhecendo a profissão

v. II — Conhecendo as téc

v. III — Secretário co

v. IV — Organizando eventos

Maria Thereza Bond
Marlene de Oliveira

inter
saberes

Conhecendo as técnicas secretariais

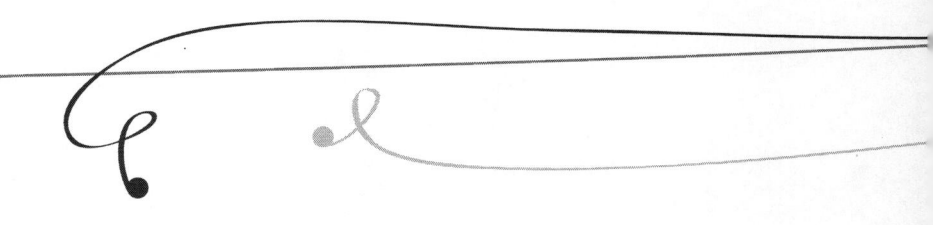

Manual do Profissional de Secretariado

v. II

inter saberes

Rua Clara Vendramin 58 . Mossunguê
CEP 81200-170 . Curitiba . PR . Brasil
Fone: (41) 2106-4170
www.intersaberes.com
editora@intersaberes.com

Conselho editorial
Dr. Alexandre Coutinho Pagliarini
Drª Elena Godoy
Dr. Neri dos Santos
Dr. Ulf Gregor Baranow

Editora-chefe
Lindsay Azambuja

Gerente editorial
Ariadne Nunes Wenger

Assistente editorial
Daniela Viroli Pereira Pinto

Preparação de originais
Amanda Santos Borges

Capa
Denis Kaio Tanaami

Projeto gráfico
Bruno Palma e Silva

Diagramação
Ariel Martins

Iconografia
Danielle Scholtz

Dados Internacionais de Catalogação na Publicação (CIP)
(Câmara Brasileira do Livro, SP, Brasil)

Bond, Maria Thereza
  Conhecendo as técnicas secretariais / Maria Thereza Bond, Marlene de Oliveira. – Curitiba: InterSaberes, 2012.
  – (Coleção Manual do Profissional de Secretariado; v. 2)

Bibliografia.
ISBN 978-85-8212-419-2

1. Assessores administrativos 2. Secretariado 3. Secretariado – Formação profissional I. Oliveira, Marlene de. II. Título. III. Série.

12-09304   CDD 651.374

Índices para catálogo sistemático:
1. Secretariado administrativo: Profissão: Manuais 651.374

1ª edição, 2013.
Foi feito o depósito legal.

Informamos que é de inteira responsabilidade das autoras a emissão de conceitos.

Nenhuma parte desta publicação poderá ser reproduzida por qualquer meio ou forma sem a prévia autorização da Editora InterSaberes.

A violação dos direitos autorais é crime estabelecido na Lei nº 9.610/1998 e punido pelo art. 184 do Código Penal.

Sumário

Apresentação, 9
Como aproveitar ao máximo este livro, 11

1 Comunicação interpessoal, 14

1.1 Conceitos fundamentais, 16
1.2 O processo de comunicação, 17
1.3 A importância da comunicação, 18
1.4 Tipos de comunicação, 18
1.5 Obstáculos, interferências e dificuldades para uma comunicação eficiente, 20

1.6 Relações interpessoais, 23
1.7 Algumas barreiras da comunicação, 28
1.8 Comunicação eficaz, 30
1.9 Aprenda a fazer críticas, 32
1.10 A empresa e o público, 33

2 Relacionamento com clientes, 42

2.1 Conceitos fundamentais, 44
2.2 Necessidades, 45
2.3 As vantagens do bom atendimento, 45
2.4 Relacionamento entre a empresa e o cliente, 46
2.5 Tipos de clientes, 47
2.6 A comunicação interna, 50
2.7 Estabelecendo sinergia, 51
2.8 As interações possíveis, 52

3 O telefone como instrumento de trabalho, 56

3.1 Os produtos e os serviços oferecidos pelo secretário, 58
3.2 Atendimento ao telefone, 59
3.3 Técnicas de atendimento telefônico, 64

4 Organização de reuniões e agenda, 74

4.1 Reuniões, 76
4.2 Organização da agenda, 82

5 Organização de viagens, 94

5.1 A importância do planejamento, 96
5.2 Tarifas, 97
5.3 Providências para viagens, 98

5.4 *Checklist*, 102

5.5 Organização da viagem do secretário, 103

5.6 A segurança, 106

6 Classificação da correspondência e arquivo, 112

6.1 Correspondência recebida, 114

6.2 Correspondência para arquivo, 120

6.3 Arquivo de documentos, 121

Para concluir..., 147

Referências, 149

Respostas, 151

Sobre as autoras, 157

Apresentação

Percebemos que o profissional da área de secretariado é muito versátil e responsabiliza-se por diversas áreas de trabalho, desempenhando diferentes tarefas.

Tendo sua origem nos escribas da Antiguidade, que, além de dominar a redação de correspondência, conheciam as técnicas de arquivismo e tinham autonomia para executar as determinações da sua chefia, o secretário deve ter competências que envolvem comportamentos, conhecimentos e habilidades. Neste volume, trataremos de explorar algumas dessas competências, como a importância do relacionamento interpessoal na profissão, a comunicação entre as pessoas dentro de uma empresa e o autoconhecimento como ponto de partida para melhorar as relações humanas.

No primeiro volume desta coleção, cuja leitura recomendamos, abordamos a origem, a evolução da profissão e a legislação de regulamentação, bem como o código de ética profissional, concentrando-nos no "saber ser" do secretário. Neste volume, nosso foco será o "saber fazer" desse profissional, as técnicas secretariais inerentes às atividades de secretariado como parte da excelência no mundo organizacional.

Além disso, abordaremos os aspectos que envolvem questões importantes para o desempenho profissional, como o bom atendimento ao telefone e a organização de viagens e agendas.

Mesmo sendo uma profissão tão exigente, o secretariado é uma atividade encantadora, desafiadora e empolgante, exatamente por envolver tantas áreas. Por isso, o profissional deve entregar-se, dedicar-se e, principalmente, atualizar-se permanentemente para que seu progresso e reconhecimento estejam sempre presentes.

Como aproveitar ao máximo este livro

Este livro traz alguns recursos que visam enriquecer o seu aprendizado, facilitar a compreensão dos conteúdos e tornar a leitura mais dinâmica. São ferramentas projetadas de acordo com a natureza dos temas que vamos examinar. Veja a seguir como esses recursos se encontram distribuídos na obra.

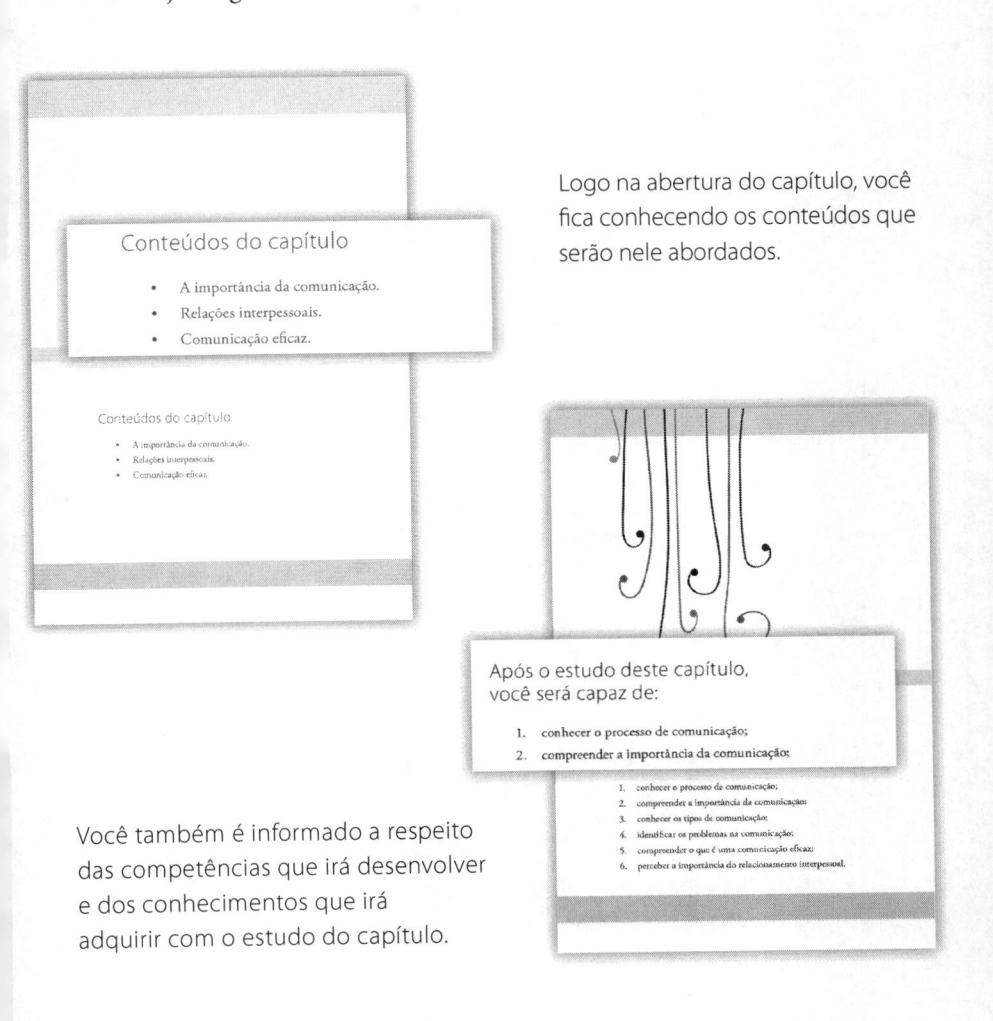

Conteúdos do capítulo

- A importância da comunicação.
- Relações interpessoais.
- Comunicação eficaz.

Logo na abertura do capítulo, você fica conhecendo os conteúdos que serão nele abordados.

Após o estudo deste capítulo, você será capaz de:

1. conhecer o processo de comunicação;
2. compreender a importância da comunicação;
3. conhecer os tipos de comunicação;
4. identificar os problemas na comunicação;
5. compreender o que é uma comunicação eficaz;
6. perceber a importância do relacionamento interpessoal.

Você também é informado a respeito das competências que irá desenvolver e dos conhecimentos que irá adquirir com o estudo do capítulo.

Você pode consultar as obras indicadas nesta seção para aprofundar sua aprendizagem.

> **Para saber mais**
> Para se aprofundar a respeito do poder da comunicação, dos tipos de comunicação e da importância da comunicação não verbal, sugerimos a leitura do artigo *A importância da linguagem não verbal nas relações de liderança nas organizações*, de Suraia Schelles.

Esta seção traz ao seu conhecimento situações que vão aproximar os conteúdos estudados de sua prática profissional.

> **Estudo de caso**
> Angela iniciou seu trabalho na empresa Indústrias GT e está secretariando o diretor administrativo, que é muito requisitado por clientes e funcionários internos. Todos os dias há acúmulo de ligações, em

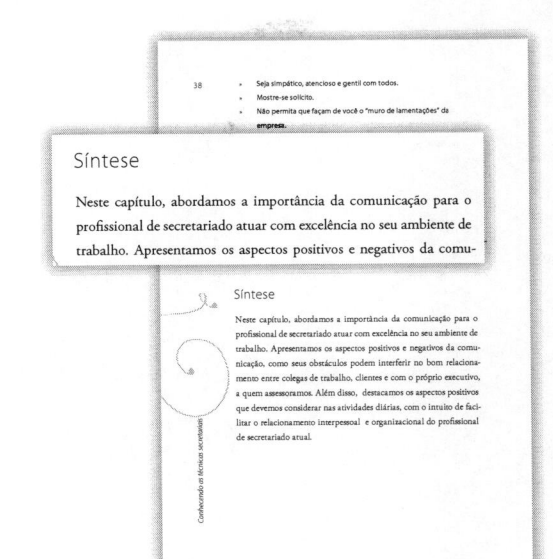

Você dispõe, ao final do capítulo, de uma síntese que traz os principais conceitos nele abordados.

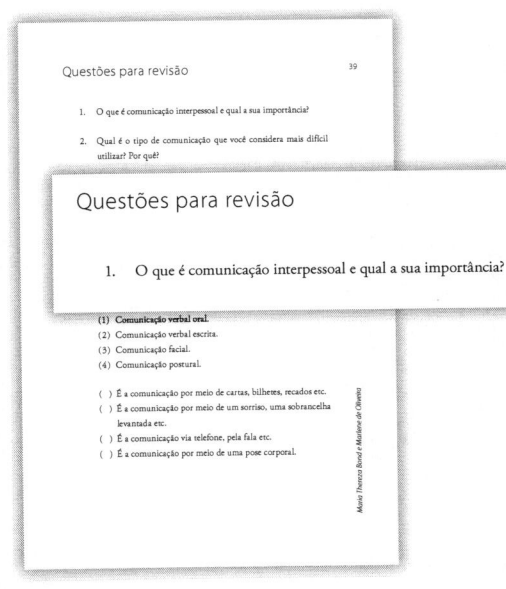

Síntese

Neste capítulo, abordamos a importância da comunicação para o profissional de secretariado atuar com excelência no seu ambiente de trabalho. Apresentamos os aspectos positivos e negativos da comunicação, como seus obstáculos podem interferir no bom relacionamento entre colegas de trabalho, clientes e com o próprio executivo, a quem assessoramos. Além disso, destacamos os aspectos positivos que devemos considerar nas atividades diárias, com o intuito de facilitar o relacionamento interpessoal e organizacional do profissional de secretariado atual.

Questões para revisão

1. O que é comunicação interpessoal e qual a sua importância?

Com estas atividades, você tem a possibilidade de rever os principais conceitos analisados. Ao final do livro, as autoras disponibilizam as respostas às questões, a fim de que você possa verificar como está sua aprendizagem.

Comunicação interpessoal

Conteúdos do capítulo

- A importância da comunicação.
- Relações interpessoais.
- Comunicação eficaz.

Após o estudo deste capítulo,
você será capaz de:

1. conhecer o processo de comunicação;
2. compreender a importância da comunicação;
3. conhecer os tipos de comunicação;
4. identificar os problemas na comunicação;
5. compreender o que é uma comunicação eficaz;
6. perceber a importância do relacionamento interpessoal.

Qualquer comportamento humano se constitui em um ato de comunicação. Se estivermos em silêncio, parados ou com os olhos fechados, estamos nos comunicando com as pessoas ao nosso redor. Nosso comportamento indica algum tipo de atitude, de pensamento, de postura, de conhecimento, ou seja, relacionamo-nos com os outros o tempo todo, mesmo que involuntária ou inconscientemente.

Muitas vezes, comunicamos mensagens que nem sempre desejamos. Isso acontece porque a comunicação existe além das palavras: ela pode ser expressa por meio de gestos, expressões faciais e corporais e nuances que podem ser extremamente sutis.

Quando percebemos e interpretamos a presença do outro, estamos envolvidos em um processo de comunicação. Como "não existe um não-comportamento" (Senai, 2001a, p. 10), não conseguimos deixar de nos comunicar, e isso pode causar algumas dificuldades no processo de comunicação, pois podemos negar o que expressamos ou reprimir nossos sentimentos na tentativa de fazer com que estes não sejam percebidos.

1.1
Conceitos fundamentais

Comunicação significa conviver com alguém, agrupar-se, entrar em consenso, em acordo com outros indivíduos.

A palavra *comunicar* vem do latim *communicare*, que significa "pôr em comum" (Senai, 2001a, p. 11). Comunicar, então, é transmitir algo para alguém, influenciando de alguma forma o comportamento do outro.

Comunicação interpessoal é a troca de informações, faladas ou não, entre no mínimo duas pessoas. Tais informações podem consistir em dados, ideias, opiniões, sentimentos, notícias etc.

1.2
O processo de comunicação

Trata-se de um processo bastante complexo e delicado, porque envolve a parte afetiva tanto de quem emite uma mensagem como de quem a recebe.

No processo de comunicação devemos levar em conta os seguintes aspectos (Senai, 2010a, p. 12):

» o que queremos dizer;
» o que realmente dizemos;
» o que a outra pessoa ouve;
» o que a outra pessoa pensa que ouviu;
» o que a outra pessoa responde;
» o que pensamos que a outra pessoa respondeu.

Esses aspectos demonstram a necessidade de percebermos que nem sempre o que queremos dizer corresponde àquilo que falamos, bem como ao que a outra pessoa ouviu ou interpretou. Isso é realmente um aspecto muito importante a ser considerado, visto que o que menos desejamos é transmitir uma mensagem mal-interpretada ou causar um mal-entendido, tanto na nossa vida familiar como na profissional.

É imprescindível que conheçamos os elementos envolvidos no processo de comunicação, descritos a seguir.

» **Emissor**: é aquele que emite a mensagem, tendo ou não a intenção de enviá-la. É aconselhável que o emissor tenha a intenção de se comunicar e perceba que a sua mensagem deve ser clara ao receptor.

» **Receptor**: é aquele que recebe a mensagem, a interpreta e a percebe, mesmo que, muitas vezes, involuntária ou inconscientemente. O receptor é a pessoa que se envolve em um processo de comunicação e deve ser aquele a quem a mensagem é direcionada pelo emissor.

» **Mensagem**: é o conteúdo da comunicação. Pode apresentar diversos tipos de elementos, tanto afetivos como intelectuais. Conforme Martins (2006), a mensagem pode exprimir um sentimento (mensagem afetiva) ou transmitir uma informação ou ideia (mensagem ideativa). O autor ainda comenta que ela pode também ser positiva ou negativa, dependendo do seu conteúdo.

» **Código**: é um grupo de símbolos que são utilizados para estruturar a mensagem, a fim de que ela possua sentido para o receptor. A linguagem, escrita ou oral, é um exemplo de código.

Esses são os principais fatores implicados no processo de comunicação. O importante é saber como utilizamos a mensagem e como todo esse processo envolve questões subjetivas, como a afetividade, a percepção e as diferenças individuais.

1.3
A importância da comunicação

Bee e Bee (2000, p. 27) afirmam: "há uma habilidade que permeia todos os aspectos da vida profissional: a de se comunicar eficazmente". A comunicação é essencial para qualquer tipo de relacionamento. Com clientes, ela pode se dar de forma direta, por telefone ou por escrito.

A comunicação efetiva põe as pessoas em sintonia, esclarece atribuições, pontos de vista, objetivos, ideias, opiniões e sentimentos. Como afirmamos anteriormente, comunicamos algo com frequência, mas nem sempre percebemos tal fato. Algumas de nossas mensagens são bastante claras e precisas, enquanto outras possibilitam várias interpretações.

1.4
Tipos de comunicação

Existem diversos tipos de comunicação. É importante que conheçamos o quanto ela é vivenciada no nosso dia a dia e o quanto está presente nas empresas. Vejamos esses diferentes tipos.

» **Comunicação verbal oral**: é a comunicação por meio de palavras expressas pela fala. Pode ser direta, de forma pessoal ou remota. Exemplos: atendimento ao telefone, atendimento ao público, leitura de ata, informação ao cliente.

» **Comunicação verbal escrita**: é a comunicação por meio de palavras escritas. Exemplos: redação de correspondência, recados recebidos por telefone, elaboração de ata etc.

» **Comunicação gestual**: é a comunicação por meio dos gestos, geralmente das mãos. Exemplos: o polegar estendido para cima significando que tudo está bem, um sinal de aprovação ou de negação por meio do balançar da cabeça etc.

» **Comunicação fisionômica ou facial**: é a comunicação por meio de expressões do rosto do indivíduo. Exemplos: um sorriso que demonstra satisfação, a fisionomia alterada, mostrando que a pessoa está com raiva etc.

» **Comunicação postural**: é a comunicação por meio da expressão corporal do indivíduo. Exemplo: uma pessoa numa "pose" que sugere cansaço, desânimo ou falta de interesse.

Não existe forma de se comunicar melhor do que outra. Todas são válidas e importantes. O essencial é que façamos bom uso delas e possamos realmente transmitir o que desejamos.

Para saber mais

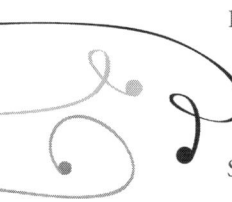

Para se aprofundar a respeito do poder da comunicação, dos tipos de comunicação e da importância da comunicação não verbal, sugerimos a leitura do artigo *A importância da linguagem não verbal nas relações de liderança nas organizações*, de Suraia Schelles.

SCHELLES, S. A importância da linguagem não verbal nas relações de liderança nas organizações. **Revista Esfera**, Macaé, v. 1, n. 1, jan./jun. 2008. Disponível em: <http://www.fsma.edu.br/esfera/Artigos/Artigo_Suraia.pdf>. Acesso em: 14 abr. 2011.

1.5
Obstáculos, interferências e dificuldades para uma comunicação eficiente

A comunicação que se apresenta de forma incompleta ou equivocada, como poderemos analisar adiante, pode gerar desarmonia e desencontros de interesses e opiniões. O processo comunicativo é delicado, pois envolve questões afetivas e situacionais relativas tanto a quem deseja transmitir uma mensagem como a quem a recebe.

É por isso que a comunicação deve ser tratada como um assunto de suma importância para o profissional de secretariado. Uma informação equivocada, uma carta mal redigida, um recado de alteração de pauta que não foi comunicado ou reagendamento de reunião podem causar uma série de problemas e perdas financeiras para as organizações, cabendo ao secretário ser o elo da gestão da comunicação na empresa onde atua.

Obstáculos à comunicação

São elementos que contribuem para que a comunicação não ocorra, considerando-se que, muitas vezes, não estamos preparados nem para receber mensagens nem para transmiti-las. É importante que esses obstáculos, descritos a seguir, sejam percebidos e evitados.

- » **Autossuficiência:** é típica de pessoas que pensam serem sempre "donas da verdade" e têm muita dificuldade para entender os pontos de vista dos outros.
- » **Preconceitos e vícios (levar-se pelas primeiras impressões):** com base em suas próprias experiências de vida, negativas ou positivas, o indivíduo apressadamente tira conclusões que nem sempre estão de acordo com a realidade. Julga pelas aparências, sem um real conhecimento dos fatos e das pessoas.
- » **Emprego incorreto de palavras:** acontece quando a pessoa utiliza palavras cujo significado não conhece perfeitamente, arriscando-se a empregá-las de modo errado.
- » **Dificuldade de expressão:** é a situação em que a pessoa não consegue encontrar palavras exatas para expressar o que deseja, recorrendo a explicações em demasia e confundindo ainda mais o interlocutor.

Outros bloqueios:

- » falta de interesse ou de atenção quando se recebe informação da chefia ou uma reclamação do cliente;
- » desconhecimento do assunto a ser transmitido, como as técnicas de cerimonial e eventos;
- » insegurança, nervosismo e desequilíbrio emocional quando se recebe um cliente muito irritado e grosseiro ou mesmo quando a chefia tem um perfil de não gostar de dar explicações ou orientações detalhadas para a realização de uma tarefa;
- » assunto fora de hora ou tom de voz inadequado, principalmente quando se está atendendo a uma reunião altamente confidencial ou há um cliente aguardando na sua sala.

Os bloqueios e os obstáculos citados anteriormente são comuns no cotidiano do secretário (atendimento ao telefone ao cliente, organização de reuniões e ou eventos); porém, quando se trata de uma comunicação entre um líder e um subordinado, entre dois colaboradores dentro de uma organização, esses aspectos devem ser levados em consideração, pois podem afetar seriamente o processo produtivo da empresa.

Interferências na comunicação

Além dos bloqueios já citados, há outras formas de interferência capazes de impedir ou dificultar o processo de comunicação. Exemplos:

- » muitas pessoas falando ao mesmo tempo;
- » buzinas ou qualquer outro tipo de poluição sonora;
- » palavras mal-articuladas ou ditas em tom de voz muito baixo;
- » escrita ilegível;
- » sono, fadiga, tensão nervosa e outros problemas de ordem física ou psicológica.

É indispensável que estejamos atentos a tudo o que possa prejudicar a comunicação com outras pessoas, a fim de eliminar, neutralizar ou, pelo menos, diminuir as interferências e suas consequências prejudiciais ao bom entendimento.

Dificuldades para uma comunicação eficiente

Trata-se de dificuldades que geralmente surgem por questões pessoais ou de ordem psíquica, cognitiva ou ambiental, mas que também podem ser causadas por falta de orientação. Portanto, é relevante que conheçamos algumas dessas dificuldades:

- » falta de atenção, que pode ocorrer por cansaço, noite maldormida ou excesso de trabalho;
- » distorções (quando a chefia passa uma informação e entendemos outra completamente diferente ou o cliente solicita um serviço e oferecemos um diferente do que foi solicitado);

- » atrito interdepartamental (quando um departamento compete com o outro, sem compreender que todos trabalham por um só objetivo: satisfação de seus clientes);
- » ser mau ouvinte, não focando no que se está falando ou pedindo;
- » falhas de interpretação (quando não confirmamos a mensagem recebida e a interpretamos com um sentido completamente diferente do pretendido);
- » dificuldades técnicas (quando não dominamos ainda as técnicas de trabalho e não sabemos como realizá-lo);
- » negativismo (quando achamos que somos perseguidos e que a atividade é impossível de ser realizada);
- » prolixidade (quando não sabemos explicar o que queremos e não conseguimos ser objetivos no que desejamos falar);
- » imprecisão de termos (quando ainda não dominamos a área de atuação e não conhecemos os termos técnicos);
- » confidencialidade de informações (quando não podemos divulgar o conteúdo da mensagem ou informação e precisamos realizar uma atividade solicitada).

O secretário deve saber lidar com as dificuldades que dependem exclusivamente dele para que não atrapalhe ou dificulte o **processo comunicacional** na organização e o relacionamento interpessoal, interferindo negativamente nos resultados de seu trabalho.

1.6
Relações interpessoais

Toda a vida do ser humano transcorre em contato com outros seres humanos, em decorrência do processo de interação. No curso de nossa existência, participamos de vários grupos sociais: família, escola, trabalho etc. Conforme Moscovici (2004, p. 34-35),

Quando uma pessoa começa a participar de um grupo, há uma base interna de diferenças que englobam conhecimentos, informações, opiniões, preconceitos, atitudes, experiência anterior, gostos, crenças, valores e estilo comportamental, o que traz inevitáveis diferenças de percepções, opiniões, sentimentos em relação a cada situação compartilhada. Essas diferenças passam a constituir um repertório novo: o daquela pessoa naquele grupo.

A vivência de cada um exerce forte influência nos processos de comunicação, nas relações, no comportamento organizacional e na produtividade.

O relacionamento interpessoal pode ser harmonioso e prazeroso, permitindo a execução de um trabalho cooperativo, ou pode tornar-se tenso, conflitante, proporcionando a desintegração de esforços e a crescente deterioração do desempenho grupal.

Nas relações interpessoais, é muito importante o entrosamento entre **todos os indivíduos que compõem o grupo e o líder**, de modo que todos se influenciem de forma recíproca, caracterizando um ambiente agradável e estimulante. Vale lembrarmos que a harmonia entre as pessoas é essencial para a sobrevivência humana, pois estimula o desenvolvimento de suas potencialidades criadoras.

O autoconhecimento

Aprender não é apenas adquirir mais informação; é também expandir a capacidade de produzir os resultados que realmente queremos na vida. Não devemos esquecer que, todos os dias, é possível mudarmos tudo o que nos deixa infelizes.

Cada um de nós é um mistério, um universo e, se pretendemos conviver bem com o outro, é preciso, em primeiro lugar, dedicarmos atenção a conhecimento e ao entendimento de nosso próprio "eu".

Se você aprender a lidar com você mesmo, lidar com os outros será mais simples.

Precisamos mergulhar na descoberta de nós mesmos para tomar consciência dos nossos pontos fortes e de nossas qualidades como seres humanos. Precisamos olhar para nós mesmos, com toda a humildade, e reconhecer nossos pontos fracos e dificuldades.

Aspectos importantes a serem considerados no relacionamento humano[i]

Existem alguns aspectos que se tornam imprescindíveis em um relacionamento humano. A convivência requer um mínimo de princípios de sociabilidade, sem os quais os conflitos passam a ser bastante prováveis.

» **Cortesia:** ser cortês é característica que aproxima as pessoas. A troca de gentilezas propicia um ambiente de harmonia e de cordialidade.

» **Alegria:** todo mundo gosta de conviver com pessoas alegres, otimistas, que não se deixam abater pelas dificuldades nem fazem de sua vida um "mar de lamúrias".

» **Paciência:** a paciência é uma qualidade imprescindível para o bom relacionamento. É evidente que nos irritamos algumas vezes e, por isso, precisamos nos educar, exercitando nosso autocontrole. A falta de paciência pode acionar nosso descontrole emocional, o que pode criar barreiras no relacionamento. Consequentemente, as pessoas não gostarão de conviver conosco.

» **Empatia:** é a capacidade de avaliarmos os sentimentos e a qualidade de sabermos nos colocar no lugar do outro.

---

i *Esta seção tem como base Senai, 2003, p. 14.*

» **Autenticidade:** é comum procurarmos esconder o que somos ou o que sentimos, com receio de não sermos compreendidos ou aceitos pelos outros.

» **Tolerância:** em toda relação estamos sujeitos a situações de conflito. Nesses momentos, é importante lembrar que há sempre uma solução viável para os dois lados se ambos estiverem dispostos a encontrá-la.

Esses aspectos devem estar presentes sempre em todas as relações humanas, principalmente nas organizações, para que os objetivos, tanto organizacionais quanto pessoais, possam ser atingidos.

Outros pontos importantes

Devemos dar atenção especial a alguns fatos que envolvem a comunicação e o relacionamento interpessoal. Às vezes, algumas sugestões servem como base para desenvolvermos um processo relacional saudável e satisfatório. A seguir, apresentamos algumas sugestões importantes.

» **Focalizar:** observar, sem comentar o que a pessoa está falando e sentindo. Exemplo: está nervosa, triste, alegre, desesperada, apreensiva, desmotivada, tensa etc. Isso ajuda a entender o porquê de a pessoa agir de determinada forma.

» **Aceitar:** procurar se colocar no lugar do outro, aceitando as diferenças de personalidades e pensamentos e não fazer comentários acerca disso, a não ser para facilitar-lhe a expressão, de forma a esclarecer o sentido do que está falando. Exemplo: dizer "Você poderia esclarecer melhor esse aspecto?".

» **Refletir:** pensar a respeito do que a pessoa disse e procurar entender o ponto de vista dela, sem fazer julgamentos ou dar opiniões. Exemplo: dizer "Você está me dizendo que...".

» **Estimular**: fazer perguntas que incentivem a pessoa a falar mais a respeito daquilo que sente, de modo que procure se expressar totalmente. Exemplo: dizer "Fale-me mais sobre...".

Pode parecer simples colocarmos em prática esses aspectos, porém isso depende de alguns pré-requisitos que precisam ser trabalhados até que se tornem um hábito. Estes envolvem as nossas percepções a respeito das coisas, de nossos paradigmas, preconceitos e autocontrole.

Dicas para um relacionamento harmonioso[ii]

Ao mesmo tempo que são aparentemente óbvias, as dicas apresentadas a seguir são muito importantes para desenvolvermos e aprimorarmos nossas relações sociais.

1. Fale com as pessoas. Nada mais agradável e animador quanto uma palavra de saudação.
2. Sorria para elas. Lembre-se de que acionamos setenta e dois músculos para franzir a testa e somente quatorze para sorrir.
3. Chame-as pelo nome. Para muitos, a música mais suave é ouvir o seu próprio nome.
4. Seja cordial. Fale e aja com toda a sinceridade. Tudo o que você fizer, faça com prazer.
5. Seja amigo e prestativo. Se você quiser ter amigos, seja amigo.
6. Interesse-se pelos outros.
7. Seja generoso ao elogiar e cauteloso ao criticar.
8. Saiba considerar os sentimentos dos outros. Existem três lados numa controvérsia: o seu, o do outro e o lado de quem está certo.
9. Preocupe-se com a opinião dos outros. Ouça, aprenda e saiba elogiar.
10. Acredite em você, valorize-se.

ii Esta seção tem como base Senai, 2003, p. 16.

Aprender essas dicas e colocá-las em prática irá proporcionar um enriquecimento excepcional em sua personalidade e em sua *performance* diante de conflitos e relacionamentos. Saber ouvir e ser generoso são competências básicas na atualidade.

1.7
Algumas barreiras da comunicação[iii]

As barreiras da comunicação impedem que ela seja transparente e clara, tanto para o emissor quanto para o receptor. Devemos evitá-las e superá-las para que a comunicação atinja seu objetivo principal: **transmitir uma mensagem e garantir que a mesma intenção de quem a enviou seja percebida por quem a recebeu.** Vejamos quais são essas barreiras.

» **Ouvir o que esperamos ouvir**: o que ouvimos ou entendemos quando alguém se comunica conosco é grandemente influenciado pela nossa experiência passada. Em vez de ouvir o que as pessoas dizem, ouvimos aquilo que as nossas mentes querem que ouçamos.

» **Ignorar informações que entram em conflito com o que já conhecemos**: a maioria de nós resiste às mudanças. Tendemos a rejeitar novas ideias, principalmente se entram em choque com aquilo que acreditamos ser o correto.

» **Avaliação da fonte**: que confiança inspira a fonte de informações? É extremamente difícil separarmos o que ouvimos do que sentimos em relação à pessoa que fala.

» **Efeito de halo**[iv]: a falha está em fazermos distinções entre o bom

iii Esta seção tem como base Senai, 2001b, p. 38.

iv Halo: círculo luminoso em volta do Sol ou da Lua, formado por meteoritos luminosos. A expressão "efeito de halo" indica uma analogia feita para explicar a sensação de que existe um círculo luminoso em volta da pessoa que nos agrada, mesmo que esta seja desconhecida.

e o mau, que podem misturar-se em uma só pessoa e seus comentários, ou seja, concordamos com o que ouvimos de alguém em quem confiamos e ignoramos o que diz alguém em quem não confiamos.

» **Percepções diferentes:** as pessoas interpretam o mesmo estímulo de modos diferentes, dependendo da sua experiência prévia.

» **Palavras assumem diferentes significados para diferentes pessoas:** é o chamado *problema semântico*[v]. As mesmas palavras podem sugerir ideias diferentes a outras pessoas. Os significados estão nas pessoas e não nas palavras.

» **Gíria:** é a linguagem especial utilizada por grupos ocupacionais e, algumas vezes, por grupos sociais. Devemos tomar o cuidado de não falar gíria com estranhos, que podem não entender esses significados restritos.

» **Comunicação não verbal:** o olhar, a forma da boca, os músculos da face, a postura do corpo podem nos dizer mais sobre o que a pessoa realmente pensa do que as palavras que usa.

» **Efeito das emoções:** nossa tristeza e desespero dão cor a tudo o que fazemos e vemos. Do mesmo modo, quando alegres, podemos não ouvir problemas ou críticas.

» **Ruído:** vivendo num mundo de palavras e cercados de sons o tempo todo, aprendemos a desconsiderar muito do que ouvimos.

Todas essas barreiras estão muito presentes no nosso dia a dia e, muitas vezes, nem as percebemos. Porém, a partir do momento em que as conhecemos, podemos reduzi-las ao máximo e evitá-las para propiciarmos um processo de comunicação interpessoal eficaz.

v   *Problema semântico: mudança dos significados das palavras devido a variações de tempo ou espaço.*

Barreiras à comunicação na empresa

Quando ocorrem entre os membros de uma organização, as barreiras à comunicação causam colapsos, distorções e rumores imprecisos. Elas atormentam a vida diária do administrador, que depende da transmissão acurada de ordens e informações para uma operação eficiente. Esses tipos de situações podem ocorrer, por exemplo, quando surgem comentários a respeito da demissão de funcionários quando há uma fusão ou aquisição da empresa por novos sócios ou quando há lançamento de uma nova filial ou um novo produto.

A implicação é clara: não suponha que toda mensagem que você envia será recebida na forma em que você pretendeu que o fosse.

1.8
Comunicação eficaz

Dentro das empresas, a comunicação eficaz é o que mais se deseja nos dias de hoje, pois é a forma mais simples de se evitarem conflitos negativos, que só proporcionam perda de tempo e desgaste emocional. Eis algumas recomendações:

» A comunicação torna-se mais autêntica quanto maior a intensidade da relação humana.
» Quando existe harmonia entre as mensagens verbais e as não verbais, a comunicação tende a ser mais verdadeira.
» A autenticidade surge quando a comunicação existe sem interferências de máscaras sociais.
» A comunicação dentro dos grupos deve ser aberta e positiva, para que seja transparente e única.

A comunicação é um processo complexo, mas, quanto mais conhecermos a respeito desse tema, mais saberemos lidar com tudo o que está envolvido no processo comunicativo.

Algumas técnicas que podem melhorar a comunicação

Existem dicas fáceis de serem colocadas em prática e que, a partir do momento em que as conhecemos, tornam-se imprescindíveis para melhorar nosso processo de comunicação.

1. **Superação de barreiras na comunicação:** a perfeita compreensão entre as pessoas é impossível. Portanto, o emissor deve buscar melhorar suas habilidades na transmissão e na recepção de mensagens.
2. **Utilização da realimentação[vi]:** talvez este seja o mais importante método de melhorar a comunicação, pois faz aumentar sua velocidade e eficiência, além de permitir que o indivíduo amplie seus comentários até onde julgar necessário.
3. **Utilização de muitos canais de comunicação:** a maioria das comunicações é, de fato, uma combinação de fatos e sentimentos.
4. **Uso da comunicação face a face:** possui grandes vantagens, pois proporciona realimentação imediata.
5. **Sensibilidade ao mundo do receptor:** um dos melhores meios de desenvolver essa capacidade é aprender o impacto que seu próprio modo de falar e comportar-se produz em outras pessoas.
6. **Conhecimento do significado simbólico:** alguns símbolos podem significar barreiras na comunicação.

---

vi *Realimentação ou "feedback": processo de troca de críticas positivas entre as pessoas para seu aprimoramento pessoal ou profissional.*

7. **Reforçar palavras de ação:** o reforço consistente do anúncio verbal por meio da ação aumenta a probabilidade de aceitação do que foi comunicado.
8. **Uso da linguagem direta, simples:** as comunicações escritas devem ser tão claras e inteligíveis quanto possível.
9. **Introdução da redundância adequada:** é uma técnica em que se explica uma ideia quantas vezes forem necessárias para que a mensagem seja compreendida, evitando-se o uso de frases prontas, como os clichês, que muitas vezes são interpretados erroneamente.

A comunicação é a essência das relações humanas, por isso deve ser levada muito a sério: quais palavras, como e quando são ditas. Se o processo de comunicação for bem trabalhado, a relação interpessoal será, com certeza, aprimorada.

1.9
Aprenda a fazer críticas

A crítica é um processo importante para a comunicação, pois é por meio dela que nos permitimos aprimorar as relações entre grupos e entre pessoas. Deve ser positiva e ter como objetivo o melhoramento da comunicação. Ressaltamos alguns aspectos a serem observados:

» Antes de referir-se aos pontos negativos, ressalte os pontos positivos. Assim, você fortalece o "eu" do indivíduo, demonstra que reconhece seus acertos e, ao mesmo tempo, tira todo o "azedume" da crítica.

» Não destrua. Ajude. Fale sobre como deveria ser. Não se prenda nem dê excessiva importância a detalhes pouco significativos ou que independem da vontade da outra pessoa.

» Mantenha a crítica impessoal, isto é, procure criticar o ato, o fato ou a ideia, não a pessoa. Por exemplo: critique o quadro, não a capacidade do pintor; critique o baixo rendimento que o filho obteve na escola, não a inteligência dele; critique o corte de cabelo, não a competência do cabeleireiro.

» Não critique tomado pela cólera nem como forma de descarregar ressentimentos. A raiva e outros estados altamente emocionais não se harmonizam com a crítica inteligente.

» Não demonstre prazer ou arrogância quando verificar que a outra pessoa falhou.

» A crítica deve ser uma relação de ajuda e entendimento mútuo, jamais uma competição interpessoal.

» Termine com um gesto amigo e que indique sua confiança na capacidade do outro de superar suas dificuldades. Seja animador.

A crítica, vista também como uma forma de *feedback*, é realizada não só com palavras, mas também com gestos e atitudes que contribuam com o aperfeiçoamento do processo de comunicação.

1.10
A empresa e o público

O funcionamento pleno de uma empresa depende de todos os que nela trabalham e de sua preocupação em alcançar objetivos e metas.

Somos parte importante do grupo de trabalho que compõe a empresa em que atuamos. Para compreender nosso papel profissional e a importância de desempenhá-lo eficazmente, é necessário conhecermos bem nossas funções, atribuições, responsabilidades e o modo como elas devem ser postas em prática para o êxito de todos.

Segundo Gonçalves (2003), existem alguns sinais que são emitidos e que facilitam ou dificultam a comunicação dentro da empresa:

Sinais verdes: são aqueles que facilitam e mantêm um bom relacionamento interpessoal. Exemplos:

- » cordialidade natural, sem artificialismo;
- » princípios de boa educação, tais como cumprimentar, agradecer, oferecer-se para ajudar etc.;
- » cuidados com a aparência e a higiene pessoal;
- » predisposição para relacionar-se bem;
- » respeito e discrição;
- » saber ouvir;
- » saber se expressar;
- » estar bem informado;
- » demonstrações de consideração;
- » ausência de preconceitos;
- » ausência de nervosismo, sem irresponsabilidade.

Esses sinais, além de facilitarem o processo de comunicação e a relação interpessoal, fazem com que as pessoas se atualizem e se aperfeiçoem na vida pessoal e profissional.

Sinais vermelhos: são aqueles que dificultam ou impedem um relacionamento saudável, afastando as pessoas ou provocando insatisfações, conflitos desnecessários, frustrações, aborrecimentos etc. Alguns sinais vermelhos são:

- » falta de consideração;
- » falta de preparo;
- » demora no atendimento, desperdício do tempo alheio;
- » coisas malfeitas ou feitas pela metade;
- » muita familiaridade e perguntas indiscretas;
- » não-cumprimento dos compromissos assumidos;
- » preconceitos e falta de flexibilidade;
- » prepotência;

» comportamentos agressivos;
» desconfiança.

Infelizmente, ainda existem muitas pessoas que insistem em repetir esses tipos de características, principalmente dentro das empresas. São comportamentos totalmente negativos para o desenvolvimento de um bom profissional.

As relações interpessoais, assim como a comunicação, fazem parte dos requisitos mais observados no mercado. Qualquer profissional deve ter um mínimo de traquejo com as pessoas e, principalmente, autocontrole e autoconhecimento para ter um bom relacionamento social; afinal de contas, ninguém trabalha ou vive sozinho. Precisamos de colegas para aprender coisas novas, precisamos saber ouvir e ser ouvidos. Não cabe mais no mercado o profissional que não sabe relacionar-se bem e que não consegue resolver seus conflitos de forma saudável e eficaz.

A comunicação com o executivo

Para a maioria dos secretários, o relacionamento com o executivo constitui uma barreira quase que intransponível. Verificamos, entretanto, que se trata apenas de um tipo de comunicação que requer um pouco mais de tato e perspicácia.

Para uma perfeita comunicação com o executivo, é fundamental que você atente para as seguintes orientações:

» Conheça, perfeitamente, a personalidade, a "forma de ser", a maneira de agir e, principalmente, a maneira dele de falar. A "rudeza" e a "brutalidade" podem ser uma forma natural de expressão.

» Conheça os hábitos de trabalho de seu executivo e qual perfil de secretário ele prefere.

» Conheça a empresa, o objetivo e a "razão de ser" dela. Conheça também a gerência.

» Conheça a "linguagem técnica" que seu executivo utiliza e também se interesse pela sua especialidade.

» Procure fazer as coisas que ele aprecia com relação ao trabalho:
- seja sempre discreto no vestuário, nos modos, nos hábitos e no falar;
- dispense especial atenção às coisas e à sala dele, mantendo-as permanentemente impecáveis;
- mantenha tudo à mão, de tal forma que ele nunca precise pedir-lhe nada;
- antecipe-se a ele. Ao conhecê-lo, você pode tomar diversas providências com relação à rotina diária, fazendo com que ele sinta confiança em você. Quando ele pensar em algo, você já o executou;
- seja absolutamente preciso em relação às informações que fornece a ele, seja um dado estatístico, a hora de uma entrevista, seja um número do voo que ele tomará etc. Quando não tiver certeza do que está dizendo, previna-o;
- mantenha sua agenda e a dele sob absoluto controle;
- "poupe-o" de clientes, visitas e telefonemas inoportunos;
- "proteja-o" de constantes interrupções suas ou de terceiros nos momentos em que ele precisa concentrar-se no trabalho.

» Mostre-se sempre bem disposto e bem-humorado. É muito bom ter ao lado um companheiro de trabalho de bom humor. Isso é válido não apenas para a sua chefia imediata, mas também para o seu relacionamento com todas as pessoas no ambiente de trabalho.

» Jamais faça confidências pessoais a ele. Caso ele as faça para você, escute em silêncio e esqueça em seguida. Não se envolva dando opiniões e/ou conselhos.

» Trate-o como ser humano, sujeito a cansaço, depressão, irritação etc.

» Seja sincero e honesto com ele.

A comunicação com a família do executivo

A família do executivo é para ele o que há de mais importante. Portanto, dê especial atenção a esse fator, porém, sem sair de sua linha profissional.

» Seja simpático e cordial com o cônjuge de seu executivo, assim como, em relação a ele, jamais permita que o relacionamento assuma dimensão íntima. Nunca emita opiniões a respeito dos assuntos da companhia, dele ou de qualquer outro executivo.

» Quando o cônjuge solicitar algo, atenda-o gentilmente. Se o pedido for além de suas possibilidades, explique que teria muito prazer em atendê-lo, mas que está sobrecarregado com o trabalho, e indique quem poderia atendê-lo.

» Os problemas de relacionamento do seu executivo com o cônjuge não lhe dizem respeito em hipótese alguma.

Comstock

A comunicação com os colegas de trabalho

A sua posição poderá trazer algumas antipatias, principalmente se você não der atenção ao seu relacionamento e à comunicação com seus colegas e outros executivos.

- » Seja simpático, atencioso e gentil com todos.
- » Mostre-se solícito.
- » Não permita que façam de você o "muro de lamentações" da empresa.
- » Não permita que sua mesa seja a "central de fofoca" da empresa.
- » Facilite o relacionamento de todos com seu executivo.
- » Lembre-se dos aniversários, das datas especiais etc.

A comunicação com o cliente

Os clientes de sua empresa são muito importantes. Merecem toda a atenção, cortesia e respeito. Com eles, empregue todas as regras e técnicas da boa comunicação e recepção.

Fonte: Adaptado de Natalense, 1998, p. 69-70.

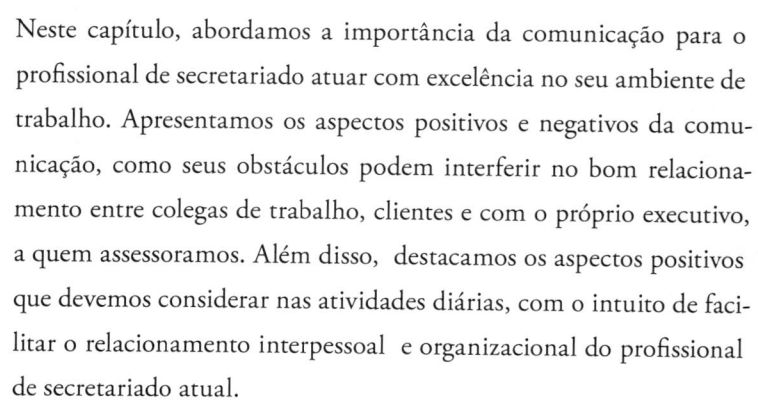

Síntese

Neste capítulo, abordamos a importância da comunicação para o profissional de secretariado atuar com excelência no seu ambiente de trabalho. Apresentamos os aspectos positivos e negativos da comunicação, como seus obstáculos podem interferir no bom relacionamento entre colegas de trabalho, clientes e com o próprio executivo, a quem assessoramos. Além disso, destacamos os aspectos positivos que devemos considerar nas atividades diárias, com o intuito de facilitar o relacionamento interpessoal e organizacional do profissional de secretariado atual.

Questões para revisão

1. O que é comunicação interpessoal e qual a sua importância?

2. Qual é o tipo de comunicação que você considera mais difícil utilizar? Por quê?

3. Quais são os principais elementos do processo de comunicação?
   a) Receptor, emissor, sensor e código.
   b) Código, mensagem, receptor e emissor.
   c) Ativo, passivo, canal e mensagem.
   d) Ouvinte, falante, código e mensagem.
   e) Canal, mensagem, imagem e som.

4. Relacione os tipos de comunicação com as definições apresentadas a seguir:
   (1) Comunicação verbal oral.
   (2) Comunicação verbal escrita.
   (3) Comunicação facial.
   (4) Comunicação postural.

   ( ) É a comunicação por meio de cartas, bilhetes, recados etc.
   ( ) É a comunicação por meio de um sorriso, uma sobrancelha levantada etc.
   ( ) É a comunicação via telefone, pela fala etc.
   ( ) É a comunicação por meio de uma pose corporal.

Agora, assinale a alternativa que corresponde à sequência obtida:
a) 2, 3, 4, 1.
b) 1, 2, 4, 3.
c) 2, 3, 1, 4.
d) 3, 2, 4, 1.
e) 4, 2, 1, 3.

5. Marque a alternativa que representa uma possível barreira na comunicação:
a) Ouvir o que esperamos ouvir.
b) Avaliação da fonte.
c) Efeito de halo.
d) Ignorar informações que entram em conflito com o que já conhecemos.
e) Todas as alternativas estão corretas.

Questões para reflexão

1. O que você considera mais importante para uma comunicação tornar-se realmente eficaz?
2. Qual a barreira de comunicação que você considera mais prejudicial em um processo de comunicação?

Relacionamento com clientes

Conteúdos do capítulo

- Vantagens do bom atendimento.
- Relacionamento entre clientes e empresas.
- Tipos de clientes.

Após o estudo deste capítulo, você será capaz de:

1. caracterizar um bom atendimento;
2. conhecer os tipos de relacionamentos entre a empresa e o cliente;
3. identificar os tipos de clientes;
4. definir sinergia e sua importância;
5. conhecer os principais erros no atendimento ao cliente.

Para que um profissional mantenha um excelente relacionamento com os seus clientes, é importante que a empresa, como um todo, principalmente a alta administração, esteja comprometida com essa ideia.

A empresa deve considerar o seu cliente como o centro das atenções em todos os seus setores. Isso acaba influenciando todos os colaboradores para que se comprometam em atender bem aos seus clientes.

Esse comprometimento é reflexo de treinamentos e capacitações realizados com o objetivo de desenvolver a organização nesse sentido.

Além dos treinamentos, a estrutura tecnológica da empresa também deve estar em sintonia com esses propósitos para oferecer à organização o suporte e a sustentabilidade necessários no que se refere às informações a respeito dos clientes.

2.1
Conceitos fundamentais

A designação *cliente* inclui desde o consumidor final, ou seja, aquele que consome ou compra seu produto ou serviço, também denominado de *cliente externo*, até os chamados *clientes internos*, ou seja, as pessoas de dentro da empresa que prestam serviços umas às outras (Bee; Bee, 2000, p. 14). Vale a pena comentarmos que o relacionamento com os clientes internos é tão importante quanto com os clientes externos.

Uma empresa pode atrair vários clientes para consumir seus produtos e serviços. Entretanto, só afirmamos que existe **relacionamento** quando o cliente retorna à empresa, pois sente que é atendido em suas necessidades. Formam-se, então, verdadeiros clientes que se sentem valorizados pela organização.

Quando os clientes ficam contentes com o atendimento, os produtos e os serviços (aspectos pessoal, comercial e organizacional), sentem-se valorizados pela empresa e tornam-se fiéis. Clientes satisfeitos passam a consumir mais produtos, pois mantêm um vínculo maior de relacionamento com a empresa e com seus funcionários.

2.2
Necessidades

Existem duas formas de necessidades: as explícitas e as implícitas. A necessidade **explícita** ocorre quando o cliente demonstra claramente sua necessidade por meio da "linguagem das necessidades", da qual são exemplos as expressões *eu quero, eu preciso, eu gostaria, eu espero, seria importante, estou procurando, o meu objetivo, o que importa é*.

A necessidade **implícita** é uma necessidade que o cliente tem, porém não percebe. Costumamos chamá-la de *oportunidade*, que é a possibilidade que surge para realizar algo pelo cliente, deixando-o mais satisfeito.

2.3
As vantagens do bom atendimento

De acordo com Bee e Bee (2004, p. 14), existem algumas vantagens em proporcionar um bom atendimento aos clientes, às quais devemos estar atentos:

» *Clientes satisfeitos provocam menos estresse. São poucos os que, tendo que lidar com um cliente insatisfeito, não conhecem as pressões que tais situações causam;*
» *Clientes satisfeitos tomam menos o nosso tempo. Lidar com queixas e problemas pode consumir muito tempo e eles sempre surgem quando você está mais ocupado;*
» *Clientes satisfeitos falam de sua satisfação a outras pessoas, o que amplia sua boa reputação;*
» *Clientes satisfeitos trazem satisfação ao trabalho e podem ajudar a motivar você e sua equipe;*

Comstock

> » *Clientes são seres humanos – é natural querer proporcionar um atendimento atencioso, prestativo e eficiente.*

Essas recomendações devem ser aplicadas no dia a dia, pois são regras essenciais para podermos nos colocar no lugar do cliente e sabermos lidar com situações difíceis que enfrentamos em seu atendimento.

2.4 Relacionamento entre a empresa e o cliente

Lotz (2003, p.14-15) apresenta uma "classificação do momento da verdade", mencionando três tipos de momentos que ocorrem entre o cliente e a empresa:

1. **Momento da verdade encantado:** é quando o cliente é muito bem atendido e leva com ele excelentes lembranças da relação

que teve com o produto ou serviço adquirido. Nesse tipo de relacionamento, o cliente serve como propagador positivo da imagem da empresa no mercado, ou seja, ele promove a empresa para pessoas do relacionamento dele.

2. **Momento da verdade desencantado**: é o oposto do momento anteriormente citado, ou seja, é quando o cliente se desagrada com o produto ou serviço adquirido, seja na hora de comprá-lo, seja depois de adquiri-lo. Suas lembranças em relação à aquisição são negativas, o que o incita a divulgar uma imagem negativa da empresa as outras pessoas e ideias ruins em relação ao acontecido.

3. **Momento da verdade apático**: ocorre quando o vínculo entre a empresa e o cliente se apresentou de forma apática, ou seja, o cliente nem se encantou nem se desencantou com a sua aquisição. Isso provoca um relacionamento distante, a ponto de o cliente esquecer-se rapidamente da empresa.

Esses momentos demonstram o quanto é importante encantar o cliente, pois um cliente satisfeito, além de desejar um relacionamento mais fiel com a empresa, irá propagar no mercado uma opinião positiva a respeito dos serviços oferecidos, o que contribui para a geração de uma nova clientela.

2.5
Tipos de clientes

Ainda de acordo com Lotz (2003, p.66-69), existem vários tipos de clientes, entre os quais podemos citar os que seguem.

» **O amigo**: acessível, fácil de se relacionar, educado e cooperativo. Entretanto, é importante ressaltarmos que é preciso tomar cuidado em não estabelecermos intimidade demasiada com o cliente. Antes de ser um amigo, ele é um cliente.

» **O tagarela**: fala muito e espera ser ouvido, mesmo que não adquira um produto ou serviço. É importante que lhe seja dada atenção para que saia com uma boa impressão da empresa.

» **O mudo**: fala apenas o necessário e não demonstra muito suas necessidades e seus desejos; por isso, torna-se mais difícil acessá-lo e agradá-lo. É indicado que se faça um vínculo de confiança com o cliente, até que ele possa soltar-se mais e expressar o que deseja. Um sorriso e perguntas abertas, que estimulem a conversa, são sempre bem-vindos nesse tipo de relacionamento.

» **O orgulhoso**: orgulhosos, geralmente, são pessoas que possuem cargos profissionalmente elevados ou algum tipo de poder social. Podem aparentar serem de difícil acesso, porém, uma vez conquistados, tornam-se clientes fiéis. A dica é que o colaborador que for oferecer a esse tipo de cliente um produto ou serviço não se sinta inferiorizado nem ache que a postura de superioridade é adotada exclusivamente com ele.

» **O tímido**: apresenta dificuldade de expressar seus sentimentos e suas necessidades. Mais uma vez, é indicado que se estabeleça um relacionamento de confiança com o cliente, para que ele possa expressar-se mais livremente.

» **O falso**: aparentemente aceita tudo, é flexível, não reclama de nenhuma situação, porém, por trás dessa imagem, pode ser extremamente exigente. A empresa deve estabelecer um vínculo de confiança com esse tipo de cliente.

» **O exigente**: sabe o que deseja, conhece o produto ou o serviço que procura; geralmente, é criterioso e cauteloso. A dica, nesse caso, para quem for oferecer um produto ou serviço, é acreditar que possui competência suficiente para explanar a respeito do que oferece.

» **O atento**: sabe o que quer. A melhor forma de se relacionar com ele é fornecer-lhe informações sólidas e fundamentadas.

» **O apático**: não demonstra seus sentimentos e, muitas vezes, espera sugestões na hora de adquirir um produto ou serviço. A dica aqui é relacionar-se com simpatia e cordialidade, para que o próprio cliente possa descobrir o que deseja.

» **O vaidoso**: deseja ser elogiado e valorizado. Contudo, é preciso ter cautela ao elogiar o cliente, pois o elogio deve ser sincero ou, caso contrário, ele se sentirá enganado e tratado com falsidade.

» **O nervoso**: geralmente está com pressa ou se coloca na posição de defesa; é irritado e não confia no que escuta. A sugestão é demonstrar sempre que existe um interesse sincero em ajudá-lo e atendê-lo.

» **O despreocupado**: não demonstra pressa nem preocupação. É o cliente ideal para se manter um bom relacionamento e oferecer o que a empresa tem de melhor, com calma e tempo para dar-lhe boas informações e comodidade.

» **O malcriado**: irritado, desconta sua irritação em quem negocia com ele. Novamente, é importante que a pessoa que se relaciona com ele saiba que essa agressividade não tem caráter pessoal e que, com paciência, a negociação pode ser realizada com sucesso.

É necessário que analisemos com prudência o perfil do cliente, tomando o cuidado para não julgá-lo pela aparência nem utilizar de uma primeira impressão para rotulá-lo. Essas características estão apresentadas aqui dessa forma por razões didáticas, pois, na realidade, uma pessoa apresenta diversas características, como as citadas anteriormente, dependendo da situação em que se encontra.

A seguir, descrevemos os tipos de clientes de acordo com a classificação proposta por Revelles (2001).

» Tipo 1: **Ególatra** – Exigente, confuso, detalhista, carente de muita atenção, ameaçador; ele é o centro das atenções. Quando conquistado, configura-se como o melhor cliente possível. Apresenta alta iniciativa, porém, baixa consideração pessoal.

» Tipo 2: **Pragmático** – Paciente, entendedor, sistemático, estável, bom ouvinte e justo, sugere melhorias e tem seu olhar voltado para o futuro. Possui alta iniciativa e consideração pessoal.

» Tipo 3: **Inseguro** – Nervoso, hesitante, inseguro de si mesmo e reservado, espera as coisas acontecerem e pode tornar-se agressivo. Possui baixa iniciativa e baixa consideração pessoal.

» Tipo 4: **Sociável** – Fácil de levar, apaziguador de ânimos, amigável, desinformado, indeciso e "boa gente". Possui baixa iniciativa, mas alta consideração pessoal.

Conforme comentamos anteriormente, aqui se condensaram algumas características em tipos; porém, o mais importante não é rotular o cliente, mas, sim, saber como lidar com ele.

2.6
A comunicação interna

É importante que estabeleçamos uma ótima relação e comunicação entre ocupantes de cargos de nível tático, como executivos, supervisores e seus subordinados, principalmente os que mantêm relacionamento direto com clientes externos.

Quanto melhor a orientação por parte da gerência em relação aos seus colaboradores, melhor é o relacionamento deles com os clientes, segundo Desatnick e Detzel (1995), como podemos verificar no Quadro 2.1.

Com base nesse quadro, podemos analisar o quanto é importante o executivo se preocupar com seus funcionários e transmitir a eles como devem preocupar-se com seus clientes.

Quadro 2.1 – Orientações dentro da organização

Da gerência ao funcionário:	Do funcionário ao cliente:
1. Quais são seus problemas e como posso ajudar a resolvê-los?	1. Como posso ajudá-lo?
2. Queremos que você saiba o que está acontecendo em nossa organização. É isto que está se passando.	2. Posso ajudá-lo porque estou bem informado.
3. Cada um de nós é a empresa; assim, somos todos responsáveis por aquilo que acontece aqui.	3. Tenho poderes para ajudá-lo e tenho orgulho de minha capacidade para fazê-lo.
4. Nós nos tratamos uns aos outros com respeito profissional.	4. Tenho respeito por você como indivíduo.
5. Defendemos nossas respectivas decisões e nos apoiamos uns aos outros.	5. Você pode contar comigo e com a minha empresa para o cumprimento de nossas promessas.

Fonte: Desatnick; Detzel, 1995, p. 41.

Para saber mais

Para entender um pouco mais a respeito da importância da comunicação e evitar que problemas prejudiquem a sua comunicação com os profissionais dos demais níveis hierárquicos da empresa, sugerimos que assista ao vídeo O *processo comunicacional*, disponível no *site* da revista *Você S/A*.

PASSADORI, R. **O processo comunicacional**. Você S/A: Abril. 16 jun. 2010. Disponível em: <http://vocesa.abril.com.br/desenvolva-sua-carreira/videos/processo-comunicacional-570385.shtml>. Acesso em: 14 abr. 2011.

2.7 Estabelecendo sinergia

Em uma definição simples, podemos afirmar que **sinergia** significa que o todo é maior do que a soma das partes. Ela é mais poderosa, mais unificadora e mais excitante.

A sinergia está em toda parte, está na natureza. Se você colocar duas plantas lado a lado, as raízes se misturam e melhoram a qualidade do solo, de modo que as duas plantas crescem melhor do que se estivessem separadas.

Ainda que possa parecer estranho, uma determinada planta pode se adaptar muito bem a um ambiente totalmente adverso às necessidades do seu tipo de raiz. Ela acaba interagindo com o meio em que se encontra e beneficiando-se junto com outros seres presentes nesse pequeno nicho (Revelles, 2001).

Assim, o mesmo pode ocorrer no ambiente organizacional. Quando nos comunicamos sinergicamente, estamos propiciando que as partes envolvidas tenham um ganho mutuamente benéfico, praticando, dessa forma, o chamado *ganha-ganha*. O profissional de secretariado não deve procurar sua vantagem própria, mas realizar suas atividades, seu atendimento ao cliente de forma que todos possam ganhar com isso, visto que a vantagem de um bom atendimento se reflete em toda a organização.

A missão de um secretário é dar condições às pessoas e às organizações para aumentar significativamente sua capacidade de desempenho, de modo que atinja objetivos valiosos.

2.8
As interações possíveis

Existem algumas formas de interação entre o cliente e a empresa. Com base em Revelles (2001), vamos examinar aqui algumas das mais significativas, às quais o secretário deve dar atenção.

» **Agressividade**: o secretário pode assumir a postura de professor; ele pensa apenas em si e nos seus objetivos. Compromete a aprendizagem e a autonomia do cliente na resolução de problemas semelhantes no futuro, gerando ressentimentos e reações defensivas por parte deste e faz com que ele fique dependente. As resistências são camufladas de ambos os lados, não sendo, portanto, tratadas.

» **Não agressividade:** o secretário acredita que seu único papel é atender aos desejos do cliente; este, por sua vez, acredita que o único papel do secretário é cumprir o que lhe foi solicitado. O secretário depende do cliente para atingir seus objetivos e este assume uma postura de dominação. Não há aprendizado dos dois lados.

» **Interdependência:** existe um elevado grau de confiança mútua. Ambos aprendem, e o secretário busca resultados para a organização e para a relação. Ele trabalha "com o cliente" e não "pelo cliente".

O secretário, muitas vezes, não se dá conta de que seus colegas são seus clientes internos, que as pessoas com quem fala ao telefone também são clientes, que o negociante que aguarda na sala de espera é um cliente. A partir do momento em que o secretário fornece algum tipo de serviço, de atenção, seja na entrega de um documento, seja no atendimento ao telefone, deve sempre respeitar a outra pessoa e lidar com ela como se fosse um cliente importante.

Percebemos, atualmente, que o **relacionamento com o cliente é uma das ferramentas mais essenciais para manter o diferencial da empresa no mercado**, e o secretário deve acompanhar essa tendência, contribuindo com um excelente atendimento.

Os sete pecados do atendimento ao cliente

1º Apatia: ocorre quando os funcionários de uma empresa não demonstram que se importam com o cliente. As pessoas ficam bravas, ofendem-se.

2º Má vontade: os funcionários tentam livrar-se do cliente, sem resolver o problema dele.

3º **Frieza**: o cliente é tratado de forma distante, até desagradável.

4º **Desdém**: há funcionários que se dirigem ao cliente de cima para baixo, como se ele não soubesse nada, fosse uma criança. Isso enfurece as pessoas.

5º **Robotismo**: o funcionário deixa de agir como se fosse uma pessoa e repete sempre a mesma coisa, da mesma maneira, com os mesmos movimentos, como se estivesse em outro lugar.

6º **Demasiado apego às normas**: acontece com o funcionário que diz "sinto muito, mas não podemos ser flexíveis".

7º **Jogo de responsabilidade**: a síndrome de vai-para-lá-e-vai-para-cá. Há pessoas que mandam os clientes de um lugar para outro, sem nunca resolver nada.

Fonte: Almeida, 2003.

Síntese

Neste capítulo, abordamos a importância e as vantagens do bom atendimento. Também apresentamos os tipos de clientes e as recomendações de como lidar com cada caso para que o profissional de secretariado obtenha sucesso em seu atendimento. Além disso, falamos a respeito da importância da comunicação interna entre setores da organização, de forma a estabelecer sinergia nas comunicações, e das interações possíveis no correto atendimento ao cliente.

Questões para revisão

1. Quais são os tipos de clientes?

2. De acordo com Revelles (2001), quais são as diferenças entre os tipos de clientes?

3. Marque a alternativa correspondente ao tipoególatra:
   a) Nervoso; hesitante; inseguro de si; reservado.
   b) Exigente; confuso; detalhista; carente de muita atenção.
   c) Paciente; entendedor; sistemático; estável; justo.
   d) Fácil de levar; apaziguador; amigável.
   e) Sugere melhorias; estável; bom ouvinte.

4. Quando o cliente é muito bem atendido e leva com ele excelentes lembranças da relação que teve com o produto ou serviço adquirido, chamamos isso de:
   a) momento da verdade apático.
   b) momento da verdade empírico.
   c) momento da verdade encantado.
   d) momento da verdade desencantado.
   e) momento da verdade real.

5. O que é sinergia?
   a) É quando sentimos simpatia pelas pessoas.
   b) E quando o todo é menor que as partes.
   c) É quando o resultado é de cada pessoa.
   d) É quando o todo é maior que as partes.
   e) É quando não existe empatia no grupo.

Questões para reflexão

1. Como podemos criar sinergia em uma equipe de trabalho?
2. Quais dos pecados do atendimento ao cliente você mais comete?

O telefone como instrumento de trabalho

Conteúdos do capítulo

- Atendimento ao telefone.
- Técnicas de atendimento.
- *Ckecklist* de mensagens.
- Código Fonético Internacional.

Após o estudo deste capítulo, você será capaz de:

1. conhecer os produtos e os serviços prestados pelo secretário;
2. aplicar as recomendações para atender bem ao telefone;
3. conhecer as técnicas de atendimento ao telefone;
4. evitar os principais erros no atendimento ao telefone.

Conforme evidenciamos, o relacionamento com os clientes é um diferencial da empresa. Assim, não podemos esquecer ou negligenciar o atendimento ao telefone, que é a forma mais comum de os clientes se comunicarem com a organização.

O secretário mantém essa atividade diariamente, pois a todo momento necessita fazer ligações telefônicas ou recebê-las para contatar algum cliente ou mesmo algum fornecedor.

Esse contato, que aparentemente é impessoal, deve ser levado bastante a sério, pois, ao mesmo tempo em que pode contribuir para a empresa angariar novos clientes e conquistá-los, pode também "colocar tudo a perder".

Durante a ligação telefônica, alguns aspectos envolvidos na comunicação face a face se perdem, como a aparência, a postura corporal e as expressões faciais, mas não podemos ignorar que o tom de voz, o modo como se fala e o que se fala são essenciais para um bom relacionamento.

Qualquer forma de expressão é relevante e, ao telefone, é imprescindível que se tome cuidado, pois, muitas vezes, essa é a principal forma de o cliente perceber a receptividade, o profissionalismo e a organização de uma empresa.

3.1
Os produtos e os serviços oferecidos pelo secretário

Depois de o profissional saber quem são seus clientes, ele deve se preocupar com o que oferece aos clientes. Esse fator deve ser analisado em relação aos clientes externos e internos. É necessário refletir a respeito dos tipos de relacionamento que se estabelecem dentro da empresa e quais os serviços que se prestam como fornecedor.

Na organização, o secretário mantém frequentemente contato com muitas pessoas, tanto internamente quanto externamente, e presta muitos serviços a todas elas, como redigir e entregar documentos, transmitir informações, organizar eventos etc.

De acordo com Bee e Bee (2000), há quatro elementos que influenciam na qualidade do atendimento ao cliente:

> *Adequação:* Este elemento indica a importância de se perceber se existe coerência entre o que o cliente deseja e espera e o que você oferece, se estes aspectos estão adequados entre si.
>
> *Consistência/confiabilidade:* Aqui se analisa se o que você oferece está sempre seguindo o mesmo padrão. Um serviço prestado não pode sofrer oscilações, por exemplo, com o humor de quem atende o cliente, deve seguir uma padronização, para obter a qualidade.
>
> *Oportunidade:* Analisa-se se o que é oferecido ao cliente é no momento o que ele deseja realmente e se mantém o serviço no tempo que ele necessita.
>
> *Satisfação:* O momento de relacionamento entre você e o seu cliente é um momento agradável? Você demonstra interesse pelas necessidades dele?

Essas questões devem ser constantemente analisadas, pois são a base para um bom relacionamento.

3.2
Atendimento ao telefone

Além de todos os princípios básicos da comunicação, o atendimento ao telefone merece uma atenção especial, como explicam Medeiros e Hernandes (2004).

O secretário deve ter sempre um papel para anotar as informações importantes e ter o cuidado em repetir os nomes e os números para evitar erros, lembrando-se de anotar nomes inteiros, com sobrenome, a fim de evitar duplicidade de contato. Deve ainda utilizar-se de uma linguagem o mais clara possível e soletrar sempre que for necessário, além de fazer uso de um tom de voz adequado, não muito baixo nem muito alto.

Como já comentamos, falar ao telefone é uma das habilidades mais importantes para o secretário, pois é o que proporcionará ao cliente uma impressão negativa ou positiva da empresa.

Deve existir a preocupação também em relação ao número de toques que deve ter uma ligação antes de ser atendida. **Não existe um número ideal, mas podemos afirmar que, quanto menos tocar, melhor**. Embora isso dependa muito do ramo de atividade da empresa e da sua infraestrutura, é importante saber que a demora do atendimento pode significar desorganização por parte da empresa.

Dicas para o atendimento ao telefone

Por envolver geralmente a empresa e o seu cliente, o atendimento ao telefone exige muito cuidado por parte do secretário. Vejamos, a seguir, algumas recomendações.

1. Diga os números pausadamente. Existem pessoas que possuem dificuldade em memorizar números e anotá-los rapidamente.
2. O planejamento é a melhor maneira de se sair bem em qualquer situação; portanto, organize-se antes de atender ao telefone, tendo à mão papel, canetas que funcionam, agendas etc.
3. Anote o que deve falar, as informações que devem ser repassadas. Assim, evita-se o esquecimento de algo importante.
4. Procure eliminar cacoetes verbais, como "né", "hum hum", "sim, sim", "ok" etc.
5. Sempre que possível, chame a pessoa pelo nome.
6. Cumpra as promessas que fizer ou sua imagem profissional será comprometida.
7. Peça desculpas quando errar. Ser humilde é uma das qualidades essenciais nos dias de hoje.
8. Transmita segurança ao passar informações, mas seja flexível.
9. Seja simpático. Não é porque a pessoa não a vê que ela não percebe essa qualidade. A simpatia abre canais para que possam instaurar-se a credibilidade e a confiança.
10. Coloque-se sempre no lugar do outro e imagine como gostaria de ser tratado.
11. Enfatize as palavras mais importantes, dê vida à sua voz.
12. Mesmo quando a ligação for feita por engano, atenda com educação, pois todas as pessoas podem ser clientes em potencial.
13. Seja humilde e atenda todos da mesma forma, mesmo quando se trata de alguém subordinado a você.

13. Quando atender por alguém que não está presente, não dê informações imprecisas e incompletas.
14. Evite que o cliente escute conversas paralelas enquanto aguarda no telefone (isso vale para atendimento pessoal também).
15. Siga sempre as instruções do seu executivo direto quando ele não puder ou não quiser atender à ligações.
16. Peça para seu executivo superior orientá-lo o melhor possível quanto a maneira de se fazer o atendimento telefônico, pois cada empresa possui uma forma de trabalhar e orientar.
17. Quando transferir alguma ligação, certifique-se de que a pessoa realmente conseguiu falar com quem desejava.
18. Ao anotar recados, sempre registre o nome completo da pessoa que ligou e o telefone para contato.
19. Quem faz a ligação sempre tem a preferência para terminá-la.
20. As saudações devem ser formais, como "bom dia", "até logo", e jamais "oi" e "tchau".
21. Ao fazer uma transferência de ligação, avise antes que o fará.
22. Não transfira a ligação apenas para transferir um problema.
23. Evite conversas prolongadas, principalmente a respeito de assuntos particulares.
24. Evite usar gírias perto de clientes ou por telefone.
25. Procure não fazer ou receber ligações particulares no ambiente de trabalho.

Esses aspectos são observados em todas as empresas, e o secretário necessita estar atualizado e acompanhar as tendências nesse tipo de comunicação.

Podemos utilizar alguns dos modelos apresentados a seguir para anotar recados.

Figura 3.1 – Modelo de recado nº 1

Recado para o Sr(a).:
Data: ____/____/____ Hora: _____
Nome: _____ Empresa: _____
Mensagem: _____
_____
_____
_____

Fonte: Oliveira, 2004, p. 38.

Figura 3.2 – Modelo de recado nº 2

Data: ____/____/____
Hora: _____
Nome: _____
Empresa: _____
Mensagem:
a) Pediu para retornar.
b) Retornando sua ligação.
c) Gostaria de informação.
d) Há urgência.
_____
_____
_____

Fonte: Oliveira, 2004, p. 39.

Além dessas dicas, Desatnick e Detzel (1995, p. 200-201) propõem quatro regras úteis para a comunicação ao telefone:

1. **Saiba do que está falando**: o secretário deve conhecer a empresa onde trabalha, ter uma visão bastante ampla a respeito de todos os setores e ter conhecimentos em várias áreas.

2. **Verifique**: toda informação dada ou recebida deve ser verificada para evitar distorções na comunicação.

3. **Mantenha uma atitude positiva**: mantenha seu bom humor, sua simpatia, verbalize sempre de forma positiva, por exemplo, o que deve ser feito e nunca o que não deve ser feito.
4. **Fique calmo**: respire fundo e mantenha o seu equilíbrio mental. Lembre-se de que você representa a sua empresa e a sua categoria profissional. Saiba ouvir primeiro e depois argumentar.

Mesmo não sendo pessoal esse tipo de comunicação, não podemos esquecer que não é muito fácil conter as emoções e o mau atendimento é percebido pelo cliente rapidamente.

Para saber mais

Para conhecer mais algumas dicas a respeito de como falar ao telefone, sugerimos o acesso ao *Manual de atendimento telefônico*, disponível no *site* iSecretárias.com.
BARBOSA, J. T. **Manual de atendimento telefônico**. Disponível em: <http://www.isecretarias.com/?p=66>. Acesso em: 14 abr. 2011.

3.3
Técnicas de atendimento telefônico

Atualmente, as empresas utilizam o telefone não só como meio de comunicação com o seu cliente, mas também como um instrumento poderoso de venda. Existe ainda o *conference call* (Oliveira, 2004), que são reuniões realizadas via telefone, as quais se tornam dinâmicas por possibilitarem o diálogo entre várias pessoas ao mesmo tempo.

Oliveira (2004) nos mostra alguns procedimentos importantes no atendimento ao telefone:

» Sempre que possível, o secretário deve evitar que as ligações caiam na secretária eletrônica, pois isso, muitas vezes, pode gerar um desconforto a quem tenta telefonar.

- » A adequação do tom da voz deve ser valorizada, pois uma voz calma, com serenidade e tranquilidade, transmite profissionalismo e, de alguma forma, a mensagem de que está tudo certo e organizado na empresa. Já uma voz que transmite a ideia de pressa, estresse ou aflição pode dar a impressão de desorganização.
- » Quando o secretário atender ao telefone, deve sempre se identificar com o nome e o setor e atender o mais rápido possível, assim que o telefone inicie a tocar. Caso o secretário esteja ocupado quando tocar o telefone, o ideal é que ele deixe de realizar suas tarefas e dedique-se exclusivamente ao atendimento da ligação, pois, ao atender o telefone ao mesmo tempo em que executa outra atividade, corre o risco de esquecer-se de anotar recados ou de transmitir ao receptor a ideia de desatenção e de que está dando pouca importância à ligação.

A autora ainda observa que é sempre importante atender ao telefone com cuidado, pois não se sabe quem está do outro lado da linha: pode ser um cliente em potencial ou um que gere resultados importantes para a empresa.

Ramais em comum[i]

Se o seu telefone é usado por todo o setor, ao atender uma ligação, dê o nome do setor e depois o seu. Se for destinada a outra pessoa, diga "Um instante, por favor" antes de transferir a ligação. Se a pessoa não estiver disponível, informe a quem chamou quando ela deverá estar de volta, se você souber dessa informação, e ofereça-se para anotar o recado.

---

[i] As seções "Ramais em comum", "Retornando telefonemas" e "Checklist *das mensagens*" são baseadas em Oliveira, 2004.

Caso você tenha de procurar a pessoa solicitada, avise a quem ligou quanto tempo levará nessa tarefa: "Se o senhor quiser aguardar alguns minutos, tentarei encontrá-lo". Caso não encontre, volte ao telefone com esta informação: "Lamento, mas não consegui encontrá-lo. O senhor gostaria de deixar recado?".

Retornando telefonemas

O contingente de profissionais que não retorna seus telefonemas tem crescido consideravelmente. Não faça parte desse grupo. **Se alguém deixar um recado pedindo seu retorno, faça-o o mais breve possível.** Um dia inteiro é o máximo de tempo para retornar uma ligação sem que sejam violadas as regras básicas da educação e do profissionalismo. O secretário deve sempre lembrar o seu chefe do retorno às mensagens deixadas e insistir para que ele o faça, pois, dessa forma, não haverá acúmulo de telefonemas não respondidos, fato que passa uma imagem negativa do executivo para as pessoas que o procuram e faz com que elas pensem que ele é inacessível.

Checklist[ii] das mensagens

Quando atender o telefone, sempre proceda da seguinte forma:
1. Anote corretamente o nome completo da pessoa e seu telefone. Se o nome for complicado ou incomum, peça-lhe para soletrá-lo. Em seguida, repita o número de telefone que anotou.
2. Pergunte o nome da empresa da pessoa que está ligando. Essa informação pode ajudar seu executivo a identificar mais

---

[ii] Checklist: *derivada do verbo em inglês* to check *(verificar), essa expressão é utilizada em português com o significado de "lista de checagem" ou "lista de verificação".*

rapidamente quem lhe telefonou. Também dá uma ideia de qual pode ser o assunto do telefonema.
3. Anote a hora e o dia da ligação. Deixe registrado por escrito o dia e a hora em que a pessoa ligou, para que seu executivo saiba há quanto tempo o recado está à sua espera.
4. Anote suas iniciais ou seu nome no recado. Faça isso caso seu executivo queira mais detalhes a respeito do telefonema.

É muito importante observar essas orientações como forma de melhorar sua organização e seu desempenho profissional.

A arte de aguardar na linha[iii]

Pedir para alguém aguardar não é a melhor atitude. Antes de fazer isso, quem estiver atendendo ao telefone deve perguntar se a pessoa pode aguardar e deve esperar sua resposta antes de deixá-la em espera. Pergunte: "Importa-se em aguardar um momento?". Também explique o porquê da espera. Por exemplo, diga: "Ela está falando em outra linha", "Ela está na empresa; vou tentar localizá-la" ou "Vou verificar se poderá atender agora".

Enquanto a pessoa aguarda na linha, volte a cada 20 ou 30 segundos com alguma informação: "Pensei que a ligação já estava no fim, mas ainda está ocupada". Pergunte se a pessoa não prefere deixar uma mensagem.

Quando finalmente transferir a chamada, dê o nome e o ramal da pessoa que irá atender a ligação, pois, dessa forma, se cair a linha, a pessoa que telefonou poderá ligar novamente.

[iii] *As seções "A arte de aguardar na linha", "Filtrando telefonemas" e "Telefonemas profissionais" têm como base Natalense, 1998.*

Filtrando telefonemas

O secretário tem a responsabilidade de filtrar telefonemas para seu executivo. São incontáveis os melindres enfrentados nessa tarefa. A pessoa que telefona e teve de dar o seu nome, comunicar o assunto a ser tratado, ficar aguardando na linha e depois ouvir que a pessoa com quem quer falar não está disponível pode achar que foi tratada com descaso. Cabe ressaltarmos que é dever de todo secretário perguntar, de uma maneira amistosa e educada, à pessoa que liga: "Ele já sabe qual é o assunto?" especialmente quando não puder transferir a ligação. Se é você quem faz a ligação, deve também responder a essa pergunta quando ela lhe for feita, mesmo que o assunto seja complicado.

Telefonemas profissionais

A impressão que você cria está diretamente ligada ao seu tom de voz e à escolha das palavras, e não à sua aparência. Tal fato faz com que seja ainda mais importante soar profissional e personalizado ao telefone. Mesmo que esteja com pressa, fale claro e lentamente. Uma das melhores técnicas para soar bem é falar sorrindo. O sorriso deixa a voz mais cristalina e agradável. Até o modo como você segura o telefone importa. Prendê-lo sob o queixo ou embaixo da boca torna mais difícil entender o que se fala. Além disso, nunca fale com objetos na boca, como clipes, balas, remédios ou chicletes, pois sua pronúncia fica prejudicada.

Siga a indicação da pessoa com quem você fala para determinar em que tom manter a conversa. Se o interlocutor se mostra totalmente objetivo e sem nenhuma brecha para trivialidades, comporte-se da mesma forma. Outras pessoas são informais e gostam de "papear". Nesse caso, seguir o rumo da conversa que deriva do assunto de trabalho e abordar outros temas pode levar à descoberta de áreas comuns de interesse ou a pontos semelhantes na trajetória profissional. Muitas pessoas que nunca se viram, criam afinidades por telefone e estabelecem uma amizade.

Recomendações[iv]

Para tornar o uso do telefone mais eficaz, tanto da sua parte como da parte de seu executivo, desenvolva as seguintes ações:

» **Estabeleça horário para telefonemas**: será muito mais racional centralizar os telefonemas a serem retornados ou realizados para determinados momentos, conforme a prioridade.

» **Peça a seu executivo para delegar-lhe a filtragem dos telefonemas**: mostre a ele como poderá economizar tempo se você tiver autonomia para filtrar todas as ligações dele.

» **Reduza ligações internas do *staff***: as ligações internas do pessoal de *staff* do seu executivo podem ser reduzidas por um despacho periódico do executivo com tais pessoas.

Nas ligações internas, entra primeiro na linha a pessoa de nível hierárquico menor, independentemente de quem fez a ligação.

O atendimento telefônico deve ser tratado como um atendimento especial ao cliente, pois, pelo fato deste não estar presente, o processo de comunicação fica mais vulnerável, podendo gerar sensações estranhas e percepções erradas. Muitas vezes, a pessoa que liga não sabe se quem a atendeu está lhe dando a atenção que gostaria ou se não se está sendo compreendida corretamente.

Enfim, o atendimento telefônico requer a observação de algumas regras e dicas importantes, que precisam ser aplicadas, além de existir a necessidade de ser sempre revisto, discutido e aprimorado, pois os clientes estão cada vez mais exigentes e esperam mais do atendimento da empresa.

iv   A seção "Recomendações" tem como base Oliveira, 2004.

Estudo de caso

Angela iniciou seu trabalho na empresa Indústrias GT e está secretariando o diretor administrativo, que é muito requisitado por clientes e funcionários internos. Todos os dias há acúmulo de ligações, em virtude do grande número de pessoas que o procuram. Ela nunca consegue terminar a lista de ligações pendentes e sempre recebe reclamações dos clientes pelo não retorno das ligações já efetuadas. Para resolver esse problema, Angela recorreu a sua professora de Técnicas Secretarias do curso técnico em Secretariado que está cursando. Sua professora sugeriu que Angela conversasse com seu diretor e definisse dois dias na semana para atendimento interno e para atendimento aos clientes externos com o retorno de ligações. Sugeriu também que verificasse o horário mais tranquilo do dia, que poderia ser logo pela manhã ou no final de tarde (conforme o movimento da empresa), para que diariamente procedesse ao retorno das ligações pendentes. A professora lembrou que Angela deveria listar diariamente as ligações não retornadas para que tivesse como meta finalizá-las o mais rápido possível. Após conversar com seu executivo, Angela implantou as mudanças necessárias e dominou o problema de ligações pendentes com sucesso.

Código Fonético Internacional

O Código Fonético iInternacional é utilizado pelas companhias aéreas quando há a necessidade de soletrar o localizador da reserva de passagem, por exemplo, ou o nome de uma pessoa ao telefone para reserva de hospedagem nos hotéis e para localização de informações pela agência de turismo para as diversas utilizações, tais como: reservas de voos, aluguel de carros etc. A adoção desse sistema faz com que os interlocutores fiquem menos suscetíveis a erros de interpretação das mensagens. Você pode ver a seguir os elementos que compõem esse código.

A = alfa	J = juliet	S = sierra
B = bravo	K = kilo	T = tango
C = charlie	L = lima	U = uniforme
D = delta	M = mike	V = victor
E = eco	N = november	W = whisky
F = fox	O = oscar	X = xadrez
G = golf	P = papa	Y = yankee
H = hotel	Q = quebec	Z = zulu
I = india	R = romeu	

Erros ao telefone

» Não faça outras coisas em sua mesa enquanto estiver ao telefone. Digitar e remexer em papéis sugere falta de atenção.

» Comer enquanto fala distrai a atenção e deixa a outra pessoa ouvindo irritantes ruídos de mastigação.

» Não deixe rádio ligado ou outro equipamento ao fundo.

» Jamais masque chicletes quando estiver ao telefone.

» Não espirre, assoe o nariz ou tussa diretamente no bucal do telefone.

» Se precisar apoiar o receptor na mesa, faça-o com delicadeza para não assustar com ruído estridente.

» Se você estiver em reunião na sala e o telefone tocar, não atenda, a menos que esteja aguardando um telefonema importante.

» Providencie com antecedência para que as suas chamadas sejam encaminhadas para o correio de voz ou ramal do secretário.

Fonte: Oliveira, 2004.

Síntese

Neste capítulo, abordamos os erros e os acertos no atendimento telefônico e a importância do domínio dessa técnica pelo profissional de secretariado. Salientamos também a importância da preparação e do correto atendimento às ligações, do controle das mensagens recebidas e do acúmulo dos retornos de ligações, que o secretário precisa cogerenciar. Além disso, abordamos a importância da filtragem de ligações e como compartilhar com colegas do setor a utilização dessa técnica secretarial.

Questões para revisão

1. Cite cinco dicas para o atendimento ao telefone.

2. Como você pode tornar o uso do telefone mais eficaz?

3. Marque a alternativa correta a respeito do bom atendimento ao telefone:
    a) Quando for repetir os números, faça de forma rápida, pois é mais fácil para o cliente compreender.
    b) Confie em sua memória ao lembrar-se dos recados.
    c) Pode utilizar termos como "hum hum", "sim sim" para confirmar que compreende o que é dito.
    d) Coloque-se sempre no lugar do outro e imagine como gostaria de ser tratado.
    e) Trate sempre as pessoas de forma diferenciada, de acordo com o nível hierárquico de cada uma.

4. Marque (V) para verdadeiro e (F) para falso acerca das técnicas de atendimento telefônico:
   ( ) As ligações podem cair sempre na secretária eletrônica, pois ela é feita para receber recados.
   ( ) Uma voz calma transmite profissionalismo.
   ( ) Ao atender o telefone, o secretário deve identificar-se com o nome e o setor de trabalho.
   ( ) Quando se atende ao telefone, é perfeitamente possível e viável realizar outras tarefas ao mesmo tempo.

   a) F, V, V, F.
   b) V, F, V, F.
   c) F, F, V, V.
   d) V, V, F, F.
   e) V, V, F, V.

5. Marque a alternativa correta:
   a) O secretário tem a responsabilidade de filtrar telefonemas para seu executivo.
   b) Pergunte o nome da empresa da pessoa que liga.
   c) Anote a hora e o dia da ligação.
   d) Perguntar para alguém aguardar não é a melhor atitude.
   e) Todas as alternativas estão corretas.

Questões para reflexão

1. Quais são as principais dificuldades que você enfrenta na hora em que precisa filtrar as ligações para seu executivo?
2. Qual é o modelo de recados que você acha mais adequado? Por quê?

Organização de reuniões e agenda

Conteúdos do capítulo

- Organização de reuniões.
- Organização da agenda.
- Elaboração da pauta.
- Uso do *follow-up*.
- O papel do secretário nas reuniões e no uso da agenda.

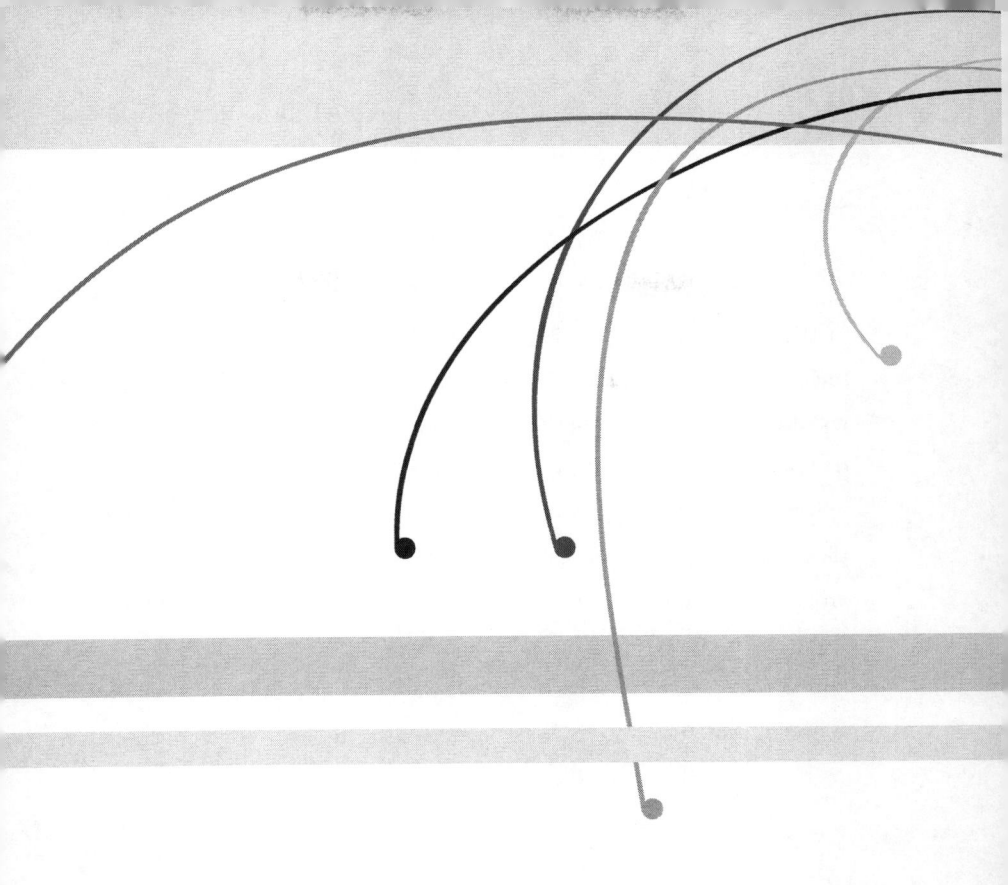

Após o estudo deste capítulo,
você será capaz de:

1. organizar uma reunião;
2. realizar um planejamento operacional e um didático;
3. elaborar uma pauta;
4. conhecer o papel do secretário nas reuniões;
5. organizar uma agenda;
6. fazer um *follow-up*.

Muitas vezes nos deparamos com a necessidade de realizar reuniões para definir metas e tomar decisões, mas nem sempre percebemos que esses momentos precisam ser bem planejados e conduzidos, para que alcancem seu objetivo.

O papel do secretário é essencial para que as reuniões sejam eficazes (desde a sua convocação, preparação dos itens necessários, acompanhamento, elaboração da ata e controle das responsabilidades definidas) e seus resultados sejam devidamente registrados. Ele atua antes, durante e depois da reunião, fechando assim todo o ciclo de planejamento.

Um secretário bem organizado demonstra sua produtividade e eficácia. Saber usar corretamente uma agenda é fundamental para um bom profissional organizar-se. Ela deve estar sempre coerente com o fluxo de trabalho, atualizada e de acordo com a área executiva.

Um secretário talentoso é aquele que consegue administrar bem o seu tempo, mesmo em períodos sobrecarregados, e ter uma visão constante de melhorias e aprimoramentos.

4.1
Reuniões

Trata-se de encontros importantes realizados nas empresas, com o objetivo principal de tormar decisões. Existem vários tipos de reuniões, que podem focar vários assuntos que envolvem diversas camadas da empresa.

Outros objetivos das reuniões são: delegar tarefas, transmitir avisos e informações importantes, estudar novos rumos de trabalho, conferir o atingimento de metas e verificar resultados.

Existe também um aspecto muito importante: a **proximidade pessoal**, o contato face a face, permitindo às pessoas, muitas vezes, desabafarem algo que não lhes agrada ou darem e receberem elogios.

Por esse motivo, às vezes, as reuniões tornam-se muito subjetivas e existe a necessidade do uso de ferramentas para se manter o foco do assunto, como um bom planejamento da pauta, por exemplo.

A falta de ferramentas e de planejamento faz com que algumas reuniões sejam longas e infrutíferas, ou seja, não cheguem aos resultados esperados, provocando, além disso, desmotivação e descrédito. É necessário que sempre exista um condutor, um líder, alguém que conduza a reunião para evitar perda de tempo.

Para preparar uma reunião, é importante imaginarmos que esse planejamento deve englobar o momento anterior ao seu início, o tempo durante o qual ela se realiza e, principalmente, o seu fechamento, a fim de que tudo o que foi resolvido, falado e discutido seja revertido em ações e soluções.

Neiva e D'Elia (2003) sugerem em quais situações devemos fazer uma reunião:

» quando surge uma atividade nova na empresa, a fim de serem definidas as técnicas, as metodologias e os recursos;
» quando o objetivo é observar o desenvolvimento de uma tarefa ou atividade, situação em que a reunião é pautada basicamente a partir de resultados;
» quando surgem situações novas e que possam interferir no trabalho de mais uma pessoa ou departamento, ocasião em que a reunião tem como objetivo orientar e definir novos procedimentos;
» quando surge a necessidade essencial de treinar, ensinar e orientar alguém a desenvolver algo específico;
» quando é necessário que os colaboradores se atualizem e adaptem-se às novas leis e procedimentos legais.

As reuniões devem ser bem conduzidas e as necessidades bem reais, uma vez que, se as reuniões não forem eficazes de modo que gerem resultados e, ainda, se acontecerem de forma excessiva no dia a dia da empresa, isso pode afetar diretamente na produtividade organizacional.

Neiva e D'Elia (2003, p. 109) também propõem algumas dicas a respeito do que o coordenador da reunião deve providenciar ou solicitar ao secretário que providencie:

> » *Marcar a hora, o dia, o local da reunião;*
> » *Definir e listar quem irá participar da reunião, com seus respectivos nomes completos e a identificação do setor (quando for da mesma empresa) e da empresa (quando for de outra organização);*
> » *Convocar os profissionais envolvidos;*
> » *Preparar a infraestrutura adequada para a realização da reunião.*

Esse planejamento é essencial e não deve ser omitido, pois serve como uma linha de trabalho, um roteiro de otimização.

Planejamento

Podemos classificar um planejamento em **planejamento operacional** e **planejamento didático** ou **de desenvolvimento**.

Planejamento operacional

O objetivo do planejamento operacional se concentra na tomada de providências relacionadas aos aspectos indicados a seguir.

> » **Data e horário:** esses dados relativos à reunião devem ser analisados para que sejam adequados à maioria dos interessados, preferencialmente para o máximo das pessoas envolvidas, pois, muitas vezes, a reunião deixa de ser producente em razão da ausência de uma pessoa-chave no processo de decisão.
> » **Local:** deve ser adequado ao número de pessoas que irão participar da reunião e apresentar comodidade, com o número de

cadeiras suficientes para todos, pois a reunião pode ser longa. Deve também ser um recinto que não sofra interferências de ruídos ou interrupção pela passagem de pessoas que não participarão da reunião. Da mesma forma, o que será definido também não deve ser ouvido por pessoas de fora. Portanto, o local deve manter um certo isolamento acústico.

» **Participantes**: devem estar todos envolvidos com o assunto e ter o objetivo comum de participar da reunião. Quando são convidados participantes que não irão agregar valor à reunião, pode haver dispersão de assunto, além de isso ser antiprodutivo.

» **Convocação**: deve ser feita de forma que realmente atinja todos os interessados e deve ser comunicada formalmente, ou seja, por escrito, para que não haja problemas de comunicação e mal-entendidos. Na convocação deve estar claro o objetivo da reunião, para que os participantes não criem expectativas erradas em relação ao que será discutido.

» **Definição da carga horária**: esse é um dado importante, pois o planejamento do tempo de duração é essencial para que os tópicos sejam discutidos com objetividade e para que seja evitada a dispersão no caso de atrasos para iniciar ou terminar a reunião. Os horários de início e fim devem ser respeitados o máximo possível. Aconselha-se que uma reunião não ultrapasse duas horas, pois esse é o limite de tempo durante o qual um grupo consegue manter sua atenção.

Além dessas providências, o planejamento operacional implica também a elaboração de um *checklist*, que envolve a organização e a limpeza prévia do local, a preparação de um *coffee break* se for o caso, a providência de água, café e materiais de apoio para anotações, como folhas em branco, canetas, livro de atas, folha de presença, calendário e, ainda, se necessário, a organização de uma recepção na antessala.

Consiste no planejamento de como decorrerá a reunião. Inicia com a definição do objetivo, que deve estar claro para todos os participantes. A partir do objetivo, estabelecem-se os assuntos da pauta. Além disso, é importante determinar a metodologia a ser utilizada e a necessidade do uso de algum tipo de ferramenta.

A metodologia implica a definição dos seguintes aspectos: quem e como participará; se todos terão direito à fala; qual o melhor momento para perguntas e para debates; se haverá anotação em ata para sua leitura final.

Para que as ferramentas possam ser utilizadas, lançamos mão da área de qualidade, em que existem muitas ferramentas excelentes empregadas em reuniões. Por exemplo, pode ser feito um *brainstorming*[i] para gerar ideias e sugestões, ou um 5W2H[ii], para definir quem irá colocar em prática o que foi definido.

Elaboração da pauta

Trata-se de um documento em que deve constar a relação de assuntos que deverão ser discutidos na reunião. Geralmente é o coordenador da reunião que deve elaborar a pauta e procurar segui-la ao longo do evento.

É recomendável que se inicie com alguns assuntos menos importantes, considerando-se o caso de alguém chegar atrasado. Logo em seguida, devem ser focados os mais importantes, deixando-se outros menos

---

i   Brainstorming*: termo em inglês formado pelas palavras* brain *(cérebro, mente) e* storm *(tempestade); consiste em uma tempestade de ideias, em que se promovem a iniciativa e a criatividade por meio de uma técnica específica.*

ii   *5W2H: ferramenta usada na área de qualidade. A designação "5W2H" representa as iniciais de sete palavras em inglês que servem para organizar um plano de ação a partir de uma decisão.*

importantes para o final, de modo que, caso não dê tempo, sejam discutidos em outras situações. Mesmo com um bom planejamento, a pauta deve ser compatível com a carga horária disponível para a reunião.

Assuntos sugeridos antes da reunião podem ser inseridos na pauta, desde que estejam dentro do contexto e que não atrapalhem os demais conteúdos já listados.

O papel do secretário em reuniões

Em todas as reuniões que envolvam o seu setor o secretário deve estar presente. Suas atribuições podem ser, conforme Neiva e D'Elia (2003, p. 109):

> » *Anotar as decisões tomadas.*
> » *Agendar novos assuntos.*
> » *Transferir assuntos não discutidos por falta de tempo para a próxima reunião.*
> » *Indicar o prazo para execução e o responsável pela tarefa.*
> » *Assessorar o coordenador na reunião.*

O secretário deve fazer suas anotações de forma bastante completa, para evitar mal-entendidos posteriores, e deve disponibilizá-las o quanto antes para o coordenador da reunião, seja em forma de ata, seja em forma de resumo.

4.2
Organização da agenda

Trata-se de uma ferramenta muito importante para o secretário, pois é nela que são anotados todos os compromissos marcados, o planejamento de diversas atividades, como reuniões, viagens e eventos, as despesas, as contas a pagar, o vencimento de assinaturas, as datas importantes, as datas de aniversário de clientes e de familiares do executivo.

Segundo Guimarães (2005), é importante ressaltar alguns pontos que devem constar em uma agenda:

» telefones mais importantes do executivo (pessoas físicas, jurídicas ou ainda particulares);
» telefones correlacionados aos clientes, por exemplo, de sindicatos e cooperativas;
» telefones de órgãos importantes, como cartórios, delegacias, principalmente os relacionados com passaportes, vistos e documentações;
» telefones de agências de viagem, empresas aéreas e consulados importantes para a empresa;
» anotações importantes, como fuso horário, código de discagem internacional e feriados internacionais;
» telefones de floriculturas, hotéis, lojas de presentes e outros que se fizerem necessários.

Ter uma agenda organizada e atualizada é importante para que as atividades sejam otimizadas. É essencial que a agenda do secretário seja compatível com a do executivo. Para tanto, é preciso comparar constantemente as informações de ambas as agendas. Medeiros e Hernandes (2004, p. 288) chamam a atenção do secretário, ainda, para o seguinte aspecto: "Entre um compromisso e outro, reserve uma folga para atrasos ou compromissos urgentes que não foram marcados. Evitar marcar entrevistas para as primeiras e últimas horas do dia, próximo às refeições, para as segundas e sextas-feiras, e imediatamente antes e após férias e viagens".

Faz parte do conjunto das atribuições do secretário agendar e desmarcar compromissos, conforme interesse do executivo. Cabe salientar que na agenda do secretário constam muitas atividades que ele deve realizar, mas, se for um profissional organizado e mantiver sua agenda focada em prioridades e objetivos, o seu tempo será maior e ele, com certeza, irá dar conta de todos os seus compromissos.

Medeiros e Hernandes (2004, p. 288) também comentam algumas outras particularidades a serem consideradas:

- » É indicado que o secretário tenha cautela ao marcar compromissos, principalmente aqueles que o executivo não recebe de forma positiva, de maneira a não marcá-los em momentos conflitantes, como véspera ou volta de uma viagem. É importante que o secretário esteja em sintonia com o seu executivo para perceber quais são os melhores e os piores momentos para agendar compromissos.
- » É importante que o secretário confirme todos os compromissos para que não ocorra nenhum desencontro desagradável entre o executivo e a outra pessoa, o que pode causar perda de tempo e demonstrar desorganização.
- » O secretário deve sempre sugerir os horários e não esperar que o interessado os marque.

É bastante recomendável que essas dicas sejam aplicadas, pois mostram como o papel do secretário é fundamental para a organização de uma empresa. Muitas vezes, a falta de um acompanhamento dessa forma pode originar mal-entendidos entre o cliente e a empresa.

Segundo Natalense (1998, p. 119-120), para que se utilize a agenda corretamente, existem algumas diretrizes a serem seguidas pelo secretário:

> » *Tenha duas agendas para compromissos, uma em sua mesa, outra na do seu executivo. Nas duas você anotará todos os compromissos, reuniões, entrevistas etc. Isto manterá os dois perfeitamente informados das atividades do dia, evitará que ele a chame a todo o momento para saber o que vai fazer agora, evitará que você precise entrar na sala a cada momento para saber o que ou quem vem agora.*
> » *Na agenda de compromisso, anote as datas sociais que devem ser lembradas por você e pelo executivo. Anote também os compromissos sociais dele que você tem conhecimento.*
> » *Faça da sua agenda o seu "centro de informações". Use as duas contracapas internas para colar todas as informações que você precisa para seu dia a dia [...].*
> » *[...].*
> » *Organize a ficha de toda a família do executivo, cônjuge, filhos, contendo nome completo, número de documentos, idade, altura, peso, o mesmo pode ser feito com os membros da diretoria da empresa.*

Esse tipo de organização ajuda muito na aplicabilidade do uso da agenda, pois de nada serve uma boa agenda nas mãos de um profissional que não sabe utilizá-la.

Natalense (1998) ainda nos mostra algumas outras dicas importantes sobre o uso da agenda:

1. A falta de planejamento diário na área executiva é um problema que gera muitos incômodos. Por isso, é importante que, já no início do dia, o executivo e seu secretário se reúnam a fim de organizar suas atividades.
2. O planejamento auxilia na definição de prioridades.
3. O executivo e o secretário devem estar sempre em sintonia. Desde cedo, o secretário deve saber quais telefonemas são prioritários e quais telefonemas podem ser adiados.
4. Dispor de um tempo apenas para o planejamento e mais nada é essencial para o executivo. Deve estar claro para todos os que cercam o secretário que, em determinada hora, o executivo não atende ninguém, apenas planeja.
5. Geralmente, existem alguns códigos utilizados entre o secretário e o executivo em momentos específicos, como, por exemplo, no caso de se querer que alguém vá logo embora ou evitar visita indesejadas.
6. É conveniente que sejam estabelecidos horários para se fazerem despachos com os subordinados ou, então, o executivo correrá o risco de manter o seu dia ocupado despachando documentos.
7. O mesmo serve para as demais tarefas. Um conselho importante é que tanto o secretário como o executivo sejam organizados e realizem suas tarefas de forma focada, ou seja, um horário para digitar, um horário para ver os *e-mails* etc. Assim, evita-se perda de tempo.

A sintonia entre o secretário e o seu executivo imediato é característica básica para um bom relacionamento entre ambos. Isso envolve confiança e sigilo entre as partes.

A escolha da agenda

A agenda pode ser diária, ou seja, mostrar um dia por página. Esse tipo tem a vantagem de ter mais espaço para anotações de um dia, porém não traz a visão da semana.

Figura 4.1 – Modelo de agenda diária

Data: ____/____/____
7h _____
8h _____
9h _____
10h _____
11h _____
12h _____
13h _____
14h _____
15h _____
16h _____
17h _____
18h _____
19h _____
20h _____
21h _____

A agenda pode também ser semanal, deixando visíveis todos os dias da semana. Possui um campo menor para cada dia, mas, traz uma visão mais ampla do período.

A agenda pode ser, ainda, eletrônica. Essa opção é recomendada como um apoio à agenda física e traz alguns benefícios, como agilidade e segurança dos dados, pois o computador avisa quando chegou a hora de um compromisso.

Figura 4.2 – Modelo de agenda semanal

Data: _/_/_ Seg	Data: _/_/_ Ter	Data: _/_/_ Qua	Data: _/_/_ Qui	Data: _/_/_ Sex	Data: _/_/_ Sáb	Data: _/_/_ Dom
8h	8h	8h	8h	8h	8h	8h
9h	9h	9h	9h	9h	9h	9h
10h	10h	10h	10h	10h	10h	10h
11h	11h	11h	11h	11h	11h	11h
12h	12h	12h	12h	12h	12h	12h
13h	13h	13h	13h	13h	13h	13h
14h	14h	14h	14h	14h	14h	14h
15h	15h	15h	15h	15h	15h	15h
16h	16h	16h	16h	16h	16h	16h
17h	17h	17h	17h	17h	17h	17h
18h	18h	18h	18h	18h	18h	18h
19h	19h	19h	19h	19h	19h	19h
20h	20h	20h	20h	20h	20h	20h

A agenda virtual mais utilizada nas empresas é a do *Microsoft Outlook*, na pasta *Diário*. O sistema fica em rede para que vários usuários o utilizem concomitantemente. Esse aplicativo tem a vantagem de alertar quem o utiliza dos compromissos agendados. Segundo Neiva e D'Elia (2003, p. 102), "Com a agenda eletrônica você pode agendar reuniões, fazer *follow-up*[iii], montar fichário, fazer protocolo e utilizar o correio – isto evita o acúmulo e trâmite de papéis. Além disso, você pode imprimir seus compromissos diariamente, semanalmente e/ou mensalmente".

A escolha do tipo de agenda fica a critério do secretário, porém o que mais importa é que se faça sempre um bom *follow-up* e que haja uma excelente organização para a orientação do dia a dia de um executivo.

Follow-up

Essa técnica deve ser utilizada paralelamente ao uso da agenda. O secretário deve sempre acompanhar o desenvolvimento das atividades a ele incumbidas, assim como as atividades do seu executivo direto. É importante que se faça esse acompanhamento, pois as tarefas podem ser esquecidas no decorrer de seu desenvolvimento, colocando-se outras atividades como prioridade. A falta de costume em manter o foco, persistir nas metas e dar continuidade às atividades é muito negativa para as empresas, pois, assim, projetos importantes são colocados de lado e nunca mais retomados. Cabe ao secretário resgatá-los.

Neiva e D'Elia (2003, p. 106) mencionam algumas possíveis pendências para as quais o *follow-up* pode ser útil:

> » *Cartas, memorandos, e-mails e lembretes manuscritos que esperam respostas.*

---

iii Follow-up: *expressão inglesa que significa "acompanhamento" (Neiva; D'Elia, 2003).*

- » *Faturas, contas e anuidades a pagar.*
- » *Apólices de seguro.*
- » *Lembretes ou controle para renovação de assinaturas.*
- » *Respostas de assuntos que estão em andamento.*
- » *Projetos.*
- » *Compromissos assumidos com clientes.*
- » *Compromissos assumidos em reunião.*
- » *Providências resolvidas em despachos.*
- » *Contratos a serem assinados.*
- » *Assuntos a serem resolvidos em reunião.*
- » *Telefonemas.*
- » *Relatórios que estão em fase de elaboração.*
- » *Outros assuntos que envolvem a equipe.*

Todos os processos têm um início, mas nem todos têm um fim, exatamente pela falta de acompanhamento e persistência em lhes dar continuidade. Cabe ao secretário reverter essa situação na cultura da empresa.

Também é necessário sabermos como se arquiva em *follow-up*: geralmente, é utilizada uma pasta sanfonada com 31 repartições, uma para cada dia do mês, ou, ainda, podem ser utilizadas pastas suspensas ou pastas com elásticos, desde que se distingam os meses.

O secretário deve consultar a pasta no início de cada dia ou no seu término, conferindo o que foi e o que não foi realizado. Assim, ele planeja o próximo dia, resgatando o que não foi feito. Podem também ser analisadas as pendências no final de cada mês, a fim de que não haja acúmulo de tarefas de um mês para outro. Cabe observar que o secretário deve cuidar para não apenas adiar as tarefas que não foram realizadas, mas também estabelecer novo prazo.

Além disso, o secretário que decide fazer o *follow-up* deve cuidar para não colocar na pasta documentos originais, pois esse não é o objetivo da pasta, e sim manter uma ficha de acompanhamento.

O *follow-up* pode ser feito por meio eletrônico, no computador, o que pode ser realizado com o uso do *Microsoft Outlook*.

Uma reunião bem conduzida e uma agenda bem organizada são instrumentos aos quais, às vezes, poucas pessoas dão a devida importância. Trata-se, porém, da base para que os processos sejam encaminhados com sucesso.

Uma comunicação transmitida de forma errada, um horário desmarcado em cima da hora, um desencontro, uma reunião que não obteve resultado nenhum são indicações de que a empresa está necessitando de um bom profissional da área de secretariado. Ele tem o papel de mediar todas essas situações da melhor forma, dar *feedback* na hora adequada, saber conduzir situações problemáticas e, principalmente, prevenir que estas ocorram.

Para saber mais

Para se aprofundar mais a respeito do papel do secretário como gestor de informações e processos, sugerimos a leitura do artigo *A reconstrução do papel e da atuação dos profissionais de secretariado: de executor a gestor de processos*, de Cathia Petroni.

PETRONI, C. A. A reconstrução do papel e da atuação dos profissionais de secretariado: de executor a gestor de processos. **Sumaré**: revista acadêmica eletrônica. Disponível em: <http://www.facsumare.com.br/raes/edicoes/ed01/raesed01_artigo02.pdf>. Acesso em: 25 abr. 2011.

Síntese

Neste capítulo, abordamos a importância do planejamento de reuniões e o correto uso da agenda. Salientamos também a importância do papel do secretário nesse planejamento e atendimento, bem como o uso da técnica de *follow-up*, que em muito facilita o trabalho no controle de compromissos, pagamentos e atividades que precisam ser cobradas.

Questões para revisão

1. Quais são os principais pontos que devem constar em uma agenda?

2. Quais são os tipos de agenda?

3. O que é *follow-up*?
   a) É uma técnica utilizada isoladamente para despertar a criatividade dos secretários.
   b) É uma técnica da qualidade em que se discute a solução de problemas.
   c) É uma técnica de acompanhamento do desenvolvimento das atividades.
   d) É um *software* utilizado para o secretariado.
   e) É uma ferramenta de relacionamento humano.

4. O que o secretário pode providenciar durante uma reunião?
   a) Anotar as decisões tomadas.
   b) Agendar novos assuntos.
   c) Indicar prazo para execução e o responsável pela tarefa.
   d) Assessorar o coordenador.
   e) Todas as alternativas estão corretas.

5. O que é *brainstorming*?
   a) É uma ferramenta para definir o *layout* da empresa.
   b) É um *software* sobre relacionamento com clientes.
   c) É uma ferramenta para fomentar a criatividade e a participação dos colaboradores.
   d) É uma técnica de organização de arquivos.
   e) É sinônimo de *turnover*.

Questões para reflexão

1. Nos lugares onde trabalhou ou trabalha, você se sente à vontade em organizar uma reunião? Por quê?
2. Quais as dificuldades de se fazer um *follow-up*? Por quê?

Organização de viagens

Conteúdos do capítulo

- A importância do planejamento.
- Providências para viagens rodoviárias e aéreas.
- Providências para viagens nacionais e internacionais.
- Organização da viagem do secretário.

Após o estudo deste capítulo, você será capaz de:

1. compreender a importância do planejamento para uma viagem;
2. saber providenciar atividades para os diversos tipos de viagens;
3. fazer *checklist*;
4. organizar bem uma viagem;
5. tomar medidas para garantir a segurança pessoal.

Um profissional de talento é aquele que pensa em todos os detalhes e, ao mesmo tempo, preocupa-se com o todo. Na organização de viagens, o secretário deve ser muito perspicaz e sanar todas as necessidades, independente de se tratar de uma viagem rodoviária, aérea, nacional ou internacional.

O secretário deve ter consciência de que o seu papel é o de agente facilitador e que sua função é organizar todos os preparativos para que o seu executivo faça uma boa viagem. Conforme Neiva e D'Elia (2003, p. 123), o secretário eficaz "domina o passo a passo dos preparativos".

5.1
A importância do planejamento

Toda viagem deve ter um planejamento prévio, a fim de evitar aborrecimentos e mal-entendidos. A viagem é um processo, ou seja, não implica apenas o tempo de sua duração, mas também os momentos que a antecedem e os que a sucedem, sendo que todas essas fases devem ser planejadas com cuidado e atenção para que a viagem tenha êxito e o seu objetivo seja atingido.

Comstock

Vilas-Boas (2003) dá algumas dicas importantes quando diz que, antes de viajar, devem ser definidos alguns aspectos: a data e o local da viagem, sua duração, as preferências quanto a companhias aéreas, horários e hotéis, bem como o orçamento previsto para a viagem.

5.2
Tarifas

O planejamento também auxilia na utilização de tarifas aéreas mais baratas do que as obtidas por quem deixa para comprar as passagens na última hora.

Vilas-Boas (2003, p. 74) ainda apresenta outras informações a respeito de como obter as menores tarifas aéreas:

» **Cidades**: para viagens internacionais, prefira voos que partam de cidades que disponham de aeroportos internacionais para evitar conexões domésticas.
» **Datas de ida e volta**: evite alta estação, feriados e fins de semana, que sempre apresentam menos opções de viagem, tarifas mais caras e voos sempre lotados.
» **Companhias aéreas**: selecione sempre no *site* pesquisado o item "Todas as companhias" para comparar os preços de diversas companhias aéreas que voam o trecho escolhido[i].

O profissional de secretariado tornou-se um agente de negócios da empresa, responsável por cortar custos, administrar o tempo gasto em viagens pelo executivo e escolher a melhor conexão e tarifa para facilitar a vida de seus superiores, evitando perda de tempo em aeroportos, espera em conexões e gastos desnecessários por não efetuar uma reserva antecipada.

---

i   *Isso poderá ser feito pelo site:* <http://www.amadeus.net/home/index_toplevel.htm>.

5.3 Providências para viagens

Para o sucesso de uma viagem de negócios, o secretário deve tomar as providências necessárias antecipadamente, não importando se a viagem é rodoviária, aérea, nacional ou internacional.

Providências para viagens rodoviárias

Devem ser tomadas de forma ordenada. As principais providências para viagens rodoviárias a serem observadas pelo secretário, conforme Neiva e D'Elia (2003), são:

- » ter em sua agenda os números de telefones da rodoviária ou da rodoferroviária local;
- » informar-se a respeito das opções existentes quanto a itinerários e empresas que oferecem serviços para o destino desejado;
- » verificar todas as alternativas de horários de ida e volta;
- » pesquisar os preços, comparando-os com todas as companhias;
- » analisar todo o trajeto que deverá ser realizado pelo executivo, desde sua residência ou empresa até a rodoviária, verificando a necessidade de um táxi ou de algum outro tipo de traslado;
- » analisar a chegada do executivo ao seu destino, pensando também no seu transporte e na sua hospedagem;
- » pesquisar os hotéis da região e providenciar reserva;
- » organizar todos os documentos necessários para que o executivo cumpra seus objetivos na viagem, como em reuniões, palestras e encontros.

Geralmente, fazem viagens rodoviárias executivos, coordenadores e técnicos que viajam pela empresa para prestar serviços em outras cidades ou mesmo para participar de algum treinamento oferecido pela organização. Em razão de dificuldades enfrentadas no setor aéreo, muitos preferem a viagem rodoviária a perder horas de espera em aeroportos.

Existem ainda providências que devem ser observadas depois da viagem, como preparar o relatório, verificar todas as pendências e fazer acompanhamento de todo o ocorrido (Neiva; D'Elia, 2003).

Providências para viagens aéreas

Neiva e D'Elia (2003) apontam as seguintes providências a serem tomadas no caso de viagens aéreas:

1. acessar via internet ou via telefone a empresa aérea para obter as principais informações a respeito da viagem;
2. verificar todos os horários de saídas e chegadas, escalas e conexões, conforme o destino estabelecido;
3. fazer a reserva das passagens, a fim de obter maior segurança e também descontos;
4. verificar os valores das passagens;
5. comprar as passagens antecipadamente;
6. preocupar-se com a locomoção do executivo da sua residência ou empresa até o aeroporto e do aeroporto do seu destino até o hotel ou local onde ficará.

Atualmente, temos facilidade de realizar o *check-in*[ii] via internet, o que possibilita ao executivo levar em mãos seu cartão de embarque (também é possível escolher o assento, o tipo de refeição e informar algum tipo

---

ii Check-in: *palavra em inglês em que* check *significa "controle, parada rápida". Traduzindo a expressão para a língua portuguesa, significa "verificação das bagagens no início de uma viagem", "procedimento de registro do hóspede na chegada ao hotel" ou "procedimento de apresentação de bilhete de viagem pelo passageiro e de emissão de cartão de embarque em aeroporto".*

de restrição como no caso de um portador de necessidade especial, alguém com cadeira de rodas ou que uma bengala etc.). Esse serviço está disponível tanto para quem leva somente bagagem de mão como para quem necessita despachar a bagagem. Nesse caso, o passageiro pode comparecer ao balcão da companhia aérea no aeroporto, apresentar seu cartão e despachar a bagagem. Não é necessário enfrentar filas; basta que o usuário se apresente a uma das funcionárias, mencione que já tem seu *check-in* eletrônico e necessita despachar a bagagem, para que então lhe seja facilitado o acesso ao balcão, evitando a espera na fila.

Além disso, Neiva e D'Elia (2003, p. 124) comentam a respeito de mais algumas providências a serem tomadas pelo secretário, que deve resolver com o executivo as seguintes questões:

» assuntos que estão em *follow-up* para o dia ou a semana em que ele estiver ausente;
» especificação de quem assinará documentos na sua ausência;
» especificação de quem responderá pelo setor/diretoria na ausência dele;
» providências a serem tomadas em relação às pessoas de contato que farão aniversário durante o período da viagem (se ele ligará da cidade em que estiver e/ou o secretário enviará telegrama/ *e-mail* em nome dele);
» reserva em hotel;
» programação de viagem.

É sempre interessante preparar um roteiro de viagem para o executivo, em que devem constar a programação da viagem, telefones importantes, *voucher*[iii] do hotel com a reserva, *voucher* da passagem aérea e agenda de negócios.

---

iii *Voucher: palavra em inglês que significa "documento probatório", "recibo" ou "comprovante".*

Depois da viagem, conforme Neiva e D'Elia (2003, p. 124), o secretário também deve observar algumas providências:

» preparar o relatório de viagem, de acordo com procedimentos administrativos;
» checar as pendências;
» fazer o *follow-up*;
» pedir ao executivo cartões de visita dos contatos efetuados e anotar no verso data e local da viagem;
» verificar quais pessoas (constantes nos cartões) devem receber carta/*e-mail* de agradecimento;
» passar dados para o banco de dados;
» verificar material técnico das visitas:
  - o que irá circular na empresa;
  - o que será subsídio para relatórios técnicos e/ou reuniões;
  - o que irá para o seu arquivo.

É interessante providenciar para o executivo um envelope, caso a empresa não tenha um impresso, de prestação de contas de viagem. Isso irá representar para ele uma facilidade, visto que colocará nesse envelope todas as notas de despesas de viagem, evitando o extravio destas até o seu retorno. Em caso de viagens internacionais para mais de um país com moedas diferentes, é interessante que ele registre na nota da despesa o valor da cotação da moeda do dia, para facilitar a prestação de contas e também o trabalho do secretário, que sempre fica responsável por preencher os formulários e entregá-los na contabilidade ou setor de controladoria da empresa.

Providências para viagens internacionais

Essas providências devem ser mais detalhadas e feitas com muito mais cuidado, pois a viagem é bem mais distante e, caso haja algum esquecimento, reverter essa situação torna-se bem mais complicado em comparação com o caso de uma viagem nacional.

Os principais cuidados a serem observados, segundo Neiva e D'Elia (2003), são os seguintes: organizar todos os documentos necessários para a viagem, como passaporte, vistos, moeda estrangeira; reservar passagens; alugar carros; organizar o itinerário antecipadamente; estabelecer contato com pessoas e empresas do local de destino; fazer pesquisas relativas a aspectos como fuso horário, horários de trabalho, feriados etc.

5.4
Checklist

Geralmente, o *checklist* pode ser criado em formato de formulário no computador e, sempre que necessário, o usuário pode utilizá-lo, enumerando-o e datando-o para poder ser arquivado ou facilmente acessado, caso isso seja necessário.

Você pode ver alguns modelos de *checklist* a seguir.

Figura 5.1 – Modelo de checklist *das despesas de viagem (ônibus/automóvel)*

» Período de viagem;
» Passagem;
» Táxi;
» Refeições;
» Hotel;
» Aluguel de veículos;
» Despesas com cópias;
» Estacionamento;
» Pedágio;
» Reembolso de quilometragem;
» Outros.

Fonte: Neiva; D'Elia, 2003, p. 123-124.

Além do *checklist* da viagem, é de suma importância a realização de um *checklist* de itens necessários para o executivo levar consigo, principalmente se irá fechar um contrato ou realizar reuniões que requeiram a elaboração de ata informal.

Figura 5.2 – Modelo de checklist *da maleta do executivo*

>   » Passaporte/identidade;
>   » Carteira Internacional de Habilitação (CNH);
>   » Passagens;
>   » Carteira do plano de saúde;
>   » *Traveller's check*;
>   » Cartões de visita;
>   » Cartões de crédito;
>   » Blocos para anotações e canetas;
>   » Material para as reuniões: relatórios, cronogramas, fotos, transparências, fita VHS, disquete, CD.

Fonte: Neiva; D'Elia, 2003, p. 125.

Quando o secretário relaciona e confere tudo o que é necessário antecipadamente, evita o esquecimento de algo que poderá ser importante durante a viagem. Dessa forma, antecipa-se ao executivo, oferecendo algo a mais, ou seja, "o quilômetro extra", conforme diz o ditado popular, dando-lhe um atendimento especial, cuidando de todos os detalhes. Isso certamente faz o diferencial como profissional de secretariado.

5.5
Organização da viagem do secretário

Com as novas necessidades do mercado globalizado, a disponibilidade para viagens é um dos pontos solicitados nas contratações atuais do profissional de secretariado. Para atender às necessidades de seus clientes, as empresas precisam estar à frente de seu tempo. A participação em feiras do setor, congressos, convenções e seminários tornou-se rotina na vida dos executivos e também na vida de seus secretários, que, na maioria das vezes, são os responsáveis pela organização e pelo atendimento dos estandes em feiras, bem como pela organização da convenção da empresa e de reuniões. Por isso, hoje é comum que o secretário também viaje acompanhando seu executivo ou representando a empresa. Passaremos, nos próximos itens, a dar algumas dicas importantes na preparação dessas viagens.

Preparação da mala

A mala é, sem dúvida, uma necessidade básica para uma viagem. Contudo, ela deve ser bem organizada para que possa ser facilmente carregada e deve também ter praticidade. Isso quer dizer que uma mala de viagem não precisa ter tudo o que uma pessoa imagina necessitar, pois o exagero pode ser um erro e uma atitude desnecessária.

Oliveira (2004, p. 101) orienta para a percepção dos seguintes detalhes na hora de organizar uma mala:

» *Você precisa se vestir tão bem para os encontros de negócios em outras cidades como se veste na sua própria cidade.*

» *Muitas, talvez todas, as pessoas que você encontrará na viagem serão estranhas e a única maneira que eles têm para julgá-lo é a partir de sua aparência.*

» *O fato de ter de passar períodos longos com as mesmas roupas não significa que você possa parecer sujo ou molambento. A proximidade com as demais pessoas requer limpeza e higiene impecáveis. Leve em consideração o fato de que você terá de se arrumar.*

» *Considere também as condições meteorológicas e outras circunstâncias singulares com as quais pode se deparar.*

» *Coloque etiquetas de identificação em cada item de sua bagagem, tanto interna quanto externamente.*

A experiência mostra que levar mala muito grande somente traz transtornos. Depois de muito carregar peso com malas cheias de roupas que não foram utilizadas, aprendemos a desenvolver algo prático e básico para não termos de ficar preocupados com o peso a carregar.

Oliveira (2004) propõe outras dicas importantes para a organização de uma viagem:

» **Bom senso com o dinheiro:** o ideal é o secretário prevenir-se e levar sempre uma quantia a mais do que planeja, pois podem ocorrer imprevistos. Além disso, deve sempre ter em mãos um pouco do dinheiro do país onde estiver, principalmente para gorjetas e eventualidades. É recomendável também usar cheques de viagens.

» **Documentos:** o secretário deve providenciar seus documentos com bastante antecedência, pois podem demorar para serem liberados. É conveniente que faça sua carteira de motorista internacional, para facilitar sua locomoção em outro país.

» **Somente a negócios:** quando viaja para o exterior, o ideal é que o secretário faça uma consulta em uma biblioteca ou via internet a respeito das diversidades culturais do local, da origem e da história dos colonizadores, para que possa compreender mais facilmente as diferenças culturais.

» **Como vencer as barreiras da língua:** o viajante deve carregar consigo um dicionário de expressões e saudações mais comuns naquele país e, preferencialmente, compreendê-las e saber utilizá-las, como *por favor, obrigada, muito prazer, desculpe, obrigado, sim, não*. Quando necessitar de um intérprete, deve sempre olhar para a pessoa com quem fala e nunca para quem faz a tradução; deve falar devagar e sem a utilização de gírias e termos pouco convencionais.

Quando o secretário acompanha uma missão empresarial ou participa de uma feira no exterior, deve ter muito cuidado com sua postura, suas atitudes e até com sua maneira de se vestir. Ele deve sempre lembrar que está em um país diferente do seu, com outros costumes, tanto nos setores da vida pessoal quanto nos relacionados à realização de negócios.

Oliveira (2004, p. 103) também indica o comportamento ideal que o secretário deve ter nos países estrangeiros:

> » *Pondere as suas opiniões. Tanto quanto possível, fique longe de comentários sobre política local e os costumes religiosos do país.*
> » *Seja pontual, mesmo que suspeite que os outros cheguem atrasados.*
> » *Evite marcar reuniões para o café da manhã ou para a noite;*
> » *Jamais passe um sermão sobre fumo a pessoas de outro país e não reclame de alguém fumar.*
> » *Esteja preparado para usar termos relativos à moeda e às medidas usadas no país.*
> » *Preparar-se para tirar os sapatos ao entrar em mesquitas e templos e em alguns lugares, nas casas das pessoas.*
> » *Leve o seu papel de carta pessoal e escreva vários bilhetes de agradecimento.*
> » *Nunca se esqueça de que você é um convidado em um país estrangeiro.*

Seguindo essas dicas, somadas ao bom senso, o secretário nunca ficará em alguma situação que possa comprometer a imagem da empresa e do executivo a quem assessora.

5.6
A segurança

Os turistas chamam muito a atenção de ladrões; logo, é importante evitar comportamentos que evidenciem a condição de turista, como abrir um mapa em uma esquina, abrir a carteira com muito dinheiro, andar com a máquina fotográfica pendurada no pescoço, vestir roupas diferentes das do local, falar o próprio idioma perto de muitas pessoas.

Oliveira (2004, p. 105) nos fornece algumas dicas importantes em relação a esse aspecto:

> » Nunca deixe dinheiro ou objetos de valor no quarto, use o cofre na recepção. Um cofre no quarto não é seguro, a não ser que permita que você e não o hotel tenha a senha.
> » Tranque a porta.
> » Não abra a porta quando alguém bater, a menos que a pessoa se identifique. Se não for alguém que você conheça, verifique com a segurança ou com a recepção antes de abrir.
> » Não exiba um maço de notas no saguão ou no bar do hotel.
> » Os quartos mais seguros ficam próximos aos elevadores porque há mais movimento.

Mesmo viajando acompanhado, o secretário deve tomar todo o cuidado em relação à segurança em outro país ou mesmo em cidades grandes de nosso país. Nunca deve falar em voz alta e mencionar assuntos que estão sendo tratados na viagem, muito menos no que se refere a dinheiro, visto que nunca se sabe quem está na recepção do hotel, no elevador ou no táxi.

Dominar a técnica de organização de viagens é uma das habilidades exigidas pelo mercado atual na contratação do profissional de secretariado. Com a urgente necessidade de as empresas se atualizarem para atenderem às exigências de seus clientes e se manterem presentes no mercado, as viagens de seus executivos e profissionais devem ser bem-sucedidas e, para isso, todas as providências, tais como controle de custo, tempo de locomoção e sucesso da viagem de negócios, precisam ser tomadas antecipadamente. O profissional de secretariado, munido da técnica que envolve a correta organização de uma viagem, com controles e dados necessários, deve atuar como o agente de negócios da empresa, controlando e administrando o orçamento do setor para o melhor aproveitamento de todos.

Para saber mais

Para saber mais a respeito das competências técnicas e humanas necessárias para ser um profissional de secretariado, sugerimos a leitura do artigo *Profissional de secretariado executivo: explanação das principais características que compõem o perfil*, de Maria Fernanda Bortolotto e Ednilse Maria Willers.

BORTOLOTTO, M. F. P.; WILLERS, E. M. **Profissional de secretariado executivo**: explanação das principais características que compõem o perfil. Disponível em: <http://professor.ucg.br/siteDocente/admin/arquivosUpload/4760/material/Perfil%20do%20Secretariado%20Executivo.pdf>. Acesso em: 14 abr. 2011.

Síntese

Neste capítulo, abordamos a importância do planejamento de viagens empresariais, abrangendo a elaboração do *checklist*, as providências que o profissional de secretariado deve tomar para viagens rodoviárias, aéreas nacionais e internacionais, bem como a organização e as providências para viagens do próprio secretário, além dos cuidados com sua segurança, postura e imagem profissional.

Questões para revisão

1. Qual é a importância de um planejamento antes de uma viagem?

2. Como podemos vencer as barreiras da língua em uma viagem internacional?

3. Marque a alternativa correta acerca de providências para viagens aéreas:
    a) Acessar via internet ou via telefone a empresa aérea para obter as principais informações sobre a viagem.

b) Verificar todos os horários de saída e chegada, conforme o destino estabelecido.
c) Fazer a reserva das passagens, a fim de obter maior segurança e também descontos.
d) Verificar valores das passagens.
e) Todas as alternativas estão corretas.

4. Qual é a utilidade do *checklist*?
   a) Verificar a bagagem antes da viagem.
   b) Pagar as passagens antecipadamente.
   c) Verificar se todas as tarefas e providências foram realizadas.
   d) Poder despachar a bagagem no avião.
   e) Anotar as datas dos voos.

5. Marque (V) para verdadeiro e (F) para falso sobre tarifas de viagens:
   ( ) Em viagens internacionais, prefira voos que partam de cidades que disponham de aeroportos internacionais para evitar conexões domésticas.
   ( ) Selecione sempre no *site* pesquisado o item "Todas as companhias" para comparar o preço.
   ( ) Prefira a alta estação, os feriados e os fins de semana para comprar passagens.

   a) V, V, F.
   b) V, F, V.
   c) F, F, F.
   d) V, F, F.
   e) V, V, V.

Questões para reflexão

1. Quais são os principais cuidados de segurança pessoal que você considera importantes ao viajar?
2. Reflita a respeito da importância de um bom planejamento para as viagens internacionais e sobre as consequências se não for feito.

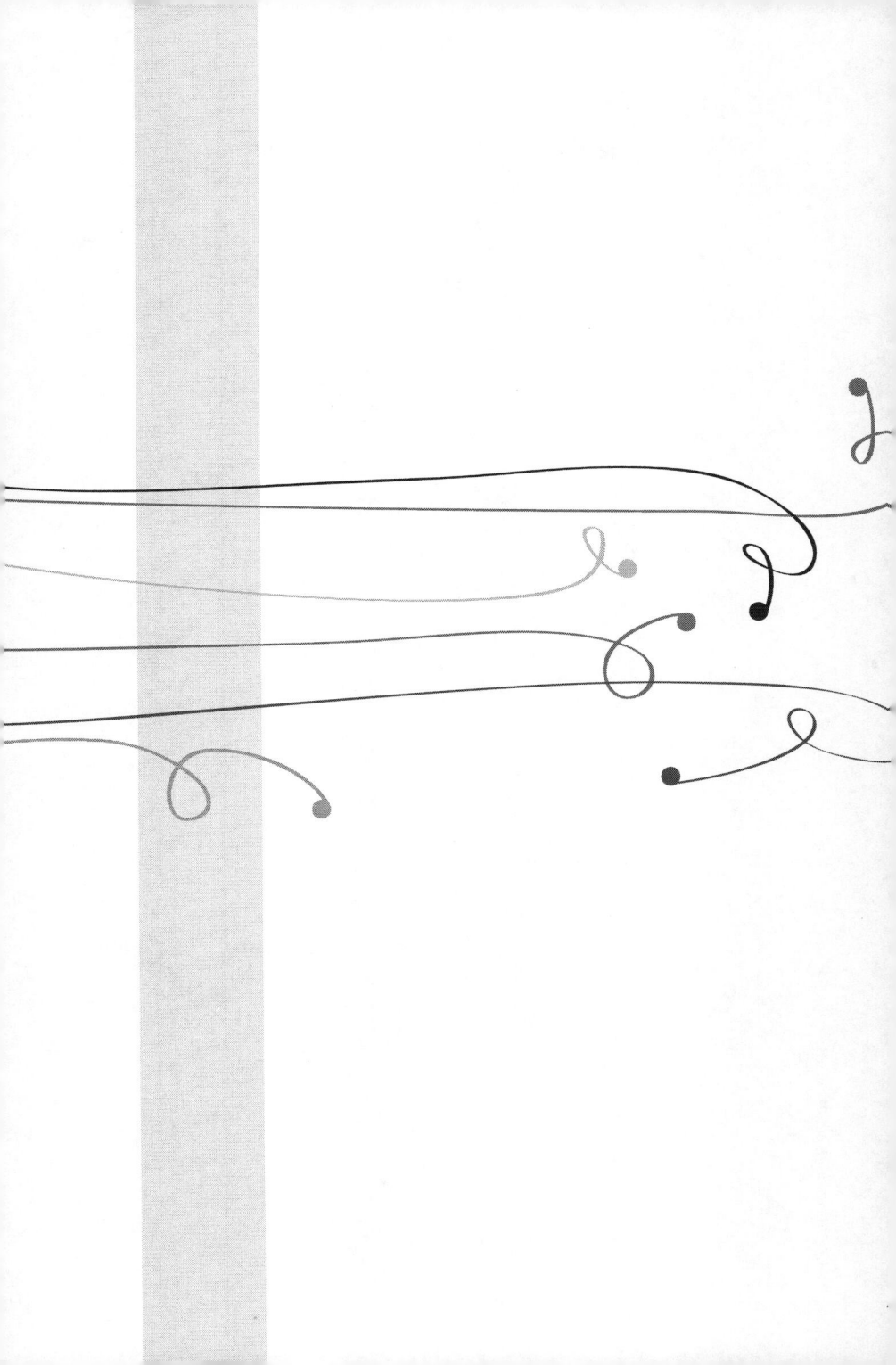

Classificação da correspondência e arquivo

Conteúdos do capítulo

- Classificação da correspondência.
- Rotinas e protocolo.
- Classificação de documentos e arquivo.
- Sistemas e métodos de arquivamento.

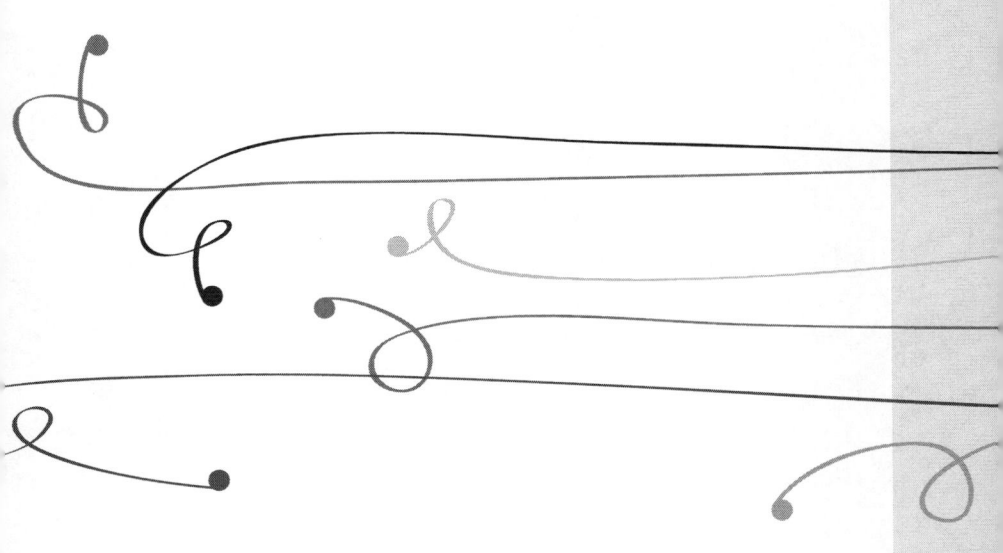

Após o estudo deste capítulo, você será capaz de:

1. classificar a correspondência;
2. criar uma rotina de correspondência;
3. protocolar correspondências;
4. arquivar documentos;
5. diferenciar os tipos de arquivos;
6. organizar e administrar um arquivo;
7. reter ou eliminar documentos.

No dia a dia das empresas, o acúmulo de papéis torna-se inevitável. A função atual do secretário é organizar-se para que isso não ocorra. Nesse sentido, entre as ações que ele deve desempenhar, encontra-se a de classificar as correspondências recebida, enviada e a ser arquivada, de modo que possibilite um perfeito funcionamento do sistema de informação da empresa. Além disso, mesmo sabendo que a maioria dos secretários adia a organização do arquivo por não gostar muito dessa atividade, é importante ter disciplina e deixar alguns minutos do dia para essa tarefa, evitando, dessa forma, perder algum documento importante que poderá ser cobrado pelo executivo posteriormente.

6.1
Correspondência recebida[i]

Segundo Natalense (p. 49), faz parte do trabalho do secretário receber toda a correspondência e prepará-la para o executivo. Isso significa que o secretário deve abrir, ler e classificar a correspondência, assinalar pontos importantes e, se for o caso, enviar resposta aos destinatários. É somente após tomar tais providências que a correspondência poderá ser encaminhada, numa pasta apropriada, ao executivo. É interessante que o secretário sempre trabalhe com algumas pastas em sua mesa:

1. **Pasta de tarefas a realizar**: inclui as correspondências que deverão ser respondidas, o trabalho de digitação e as providências a serem tomadas.
2. **Pasta de pendências**: inclui todos os assuntos que ainda dependem de alguma resposta ou solução para que providências possam ser tomadas posteriormente.

---

i *As Seções 6.1 e 6.2 foram extraídas de Natalense, 1998.*

3. **Pasta para arquivo**: inclui toda a documentação do dia, que deve ser arquivada.

Muitas vezes, as atividades do secretário podem parecer simples e repetitivas. Mas a separação das correspondências é uma atribuição muito importante, pois facilita o trabalho do executivo, sobrando para ele mais tempo para gerenciar e trabalhar estrategicamente na empresa. É uma atividade que objetiva a manutenção do foco sobre as prioridades do executivo em relação a suas correspondências.

Classificação da correspondência

Segundo o *Dicionário Houaiss (2009)*, a palavra *classificar* significa "distribuir em classes e nos respectivos grupos, de acordo com sistema ou método de classificação; determinar; pôr em determinada ordem, arrumar (documentos, coleções etc.)". De acordo com Natalense (p. 49), classificar a correspondência significa separá-la de acordo com o assunto, a fim de tornar mais fáceis a sua leitura, a identificação das providências necessárias e o posterior arquivamento.

A seguir, descrevemos uma maneira básica de classificação de correspondência:

» **Correspondência confidencial, particular e/ou pessoal**: a correspondência recebida que traz uma dessas observações merece especial atenção. Deve ser levada fechada e imediatamente ao executivo. Caso ele o autorize a abrir esse tipo de correspondência, faça-o. Entregue-a em uma pasta especial para assuntos dessa natureza. Jamais deixe qualquer correspondência sobre sua mesa ou sobre a do executivo sem que esteja armazenada em pasta, pois pode ser lida por outras pessoas, o que pode gerar problemas.

» **Correspondência geral:** correspondência recebida pela empresa – malas diretas, cartas, convites, faturas, propagandas, contratos, revistas, jornais etc.
» **Destinada ao executivo:** correspondência nominal ao executivo e que pode incluir convites, cartas, faturas, malas diretas etc.
» **Destinada a outras pessoas ou gerentes da empresa:** correspondência destinada a setores competentes, tais como: recursos humanos, jurídico, financeiro, *marketing* e assim por diante.
» **Destinada à gerência e que requer a atenção do secretário:** correspondência destinada à área em que o secretário atua.

A separação das correspondências por assunto facilita muito sua localização. Quando divididas em subgrupos de acordo com o tipo, elas são rapidamente distribuídas. Essas técnicas objetivam a praticidade e a rapidez do processo.

Rotina da correspondência

Após o recebimento e a separação por áreas, a correspondência destinada ao executivo ou ao setor de atuação do secretário deve obedecer a uma rotina diária. Segundo Natalense, o secretário deve observar o seguinte:

» ler tudo antes de passar adiante;
» verificar se a correspondência está ou não ligada a alguma outra. Em caso positivo, anexar tudo o que houver sobre o assunto. Assim, o executivo recebe o conjunto das informações existentes a respeito do assunto, o que facilita o trabalho;
» verificar se todos os anexos citados na correspondência realmente a acompanham;
» verificar se o conteúdo deve ser lido por mais de uma pessoa na empresa. Nesse caso, é necessário colocar um carimbo de

circulação na correspondência (Figura 6.1) com o nome das pessoas que devem tomar conhecimento dela;

» se tudo estiver correto, protocolar a correspondência no seu setor e colocar em pastas separadas sobre a mesa do executivo;

» caso a correspondência recebida informe que segue material separado, é preciso colocá-la em *follow-up* para controle de sua chegada.

É interessante o secretário também manter pastas na mesa do executivo, para deixar as correspondências organizadas e evitar, dessa forma, que outras pessoas tenham acesso ao seu conteúdo. Essas pastas podem ficar assim organizadas:

» **Pasta um**: assuntos que demandam decisão.
» **Pasta dois**: assuntos informativos, que não demandam decisão, isto é, são correspondências cujos assuntos devem ser do conhecimento do executivo, mas ele não precisa decidir nada sobre eles.
» **Pasta três**: leitura geral (revistas, artigos, folhetos etc.).
» **Pasta quatro**: correspondência pessoal.
» **Pasta cinco**: documentos para assinaturas.
» **Pasta seis**: convites.

Com a estruturação dessas pastas, fica evidente o quanto o secretário deve ter uma boa noção de organização e uma visão ampla de todas as necessidades do executivo e do seu setor.

Protocolo da correspondência

Do latim *protocollum*, que significa "registro de atos públicos na Idade Média" e "ata, registro de atos oficiais, como audiência em tribunal, conferência internacional ou negociação diplomática", conforme menciona o *Dicionário Houaiss* (2009), a palavra *protocolo* é utilizada nos dias atuais com o significado de "registro dos atos públicos, das audiências; livro de registro da correspondência de uma empresa ou repartição pública"(Ferreira, 1999). Por isso, é importante adotar um formulário, livro ou mesmo carimbo para protocolar as correspondências.

As correspondências, as revistas, os artigos e os folhetos que devem circular entre os membros da diretoria ou gerência precisam ser acompanhados de um protocolo de circulação, que pode ser um bilhete digitado no computador e grampeado na correspondência a circular. Vejamos a seguir (Figura 6.1) uma sugestão de modelo de protocolo para circulação de documentos.

Figura 6.1 – Modelo de formulário para circulação de correspondência

Data de recebimento	Nome do destinatário	Visto
Início da circulação: Arquivo:		

Fonte: Natalense, 1998, p. 102.

Além disso, toda a correspondência recebida deve ser registrada. Para isso, pode ser utilizado um caderno de protocolo. Vejamos a seguir (Figura 6.2) um modelo de protocolo de entrada de documentos.

Figura 6.2 – Modelo de protocolo de entrada de documentos

Data	Hora	Assunto	Emitente	Destinatário	Providências

Fonte: Natalense, 1998, p. 102.

No que se refere à correspondência enviada, segundo Natalense (1998, p. 103), o importante é numerar toda a correspondência conforme seu conteúdo (carta, memorando etc.). Para tanto, deve ser usado um caderno de acordo com o modelo a seguir (Figura 6.3).

Figura 6.3 – Modelo de protocolo de saída de documentos

Data de saída	Conteúdo	Destinatário	Observações

Fonte: Natalense, 1998, p. 103.

O protocolo da correspondência enviada é muito importante, pois é a segurança de seu recebimento. Assim, é necessário que façamos uso do livro de protocolo (Figura 6.4). Caso a correspondência tenha sido enviada pelo correio simples, deve ser anotada a data de seu despacho no livro utilizado para a numeração (Figura 6.3). Caso tenha sido despachada por Sedex ou AR (aviso de recebimento), o comprovante é o dos Correios.

Figura 6.4 – Modelo de livro de protocolo para uso externo

Data de saída	Destinatário	Tipo/nº correspondência	Recebedor

Fonte: Natalense, 1998, p. 104.

No espaço do recebedor, devem constar o nome da pessoa que recebeu a correspondência, a data e a hora do recebimento e o carimbo da empresa.

Figura 6.5 – Modelo de bilhete protocolo

Destinatário:	
Endereço:	
Discriminação	Recebido
	Em: ____/____/____
Remetido em: ____/____/____	Assinatura com carimbo

Fonte: Natalense, 1998, p. 104.

O modelo de bilhete protocolo (Figura 6.5) é colocado no envelope e, depois de assinado pelo recebedor, deve ser grampeado na cópia da correspondência que ficou em seu arquivo. Esse modelo pode ser comprado em papelarias, podendo ser em uma ou duas vias.

6.2
Correspondência para arquivo

Segundo Natalense, a classificação feita por ocasião do recebimento da correspondência ajuda a decidir a respeito do modo como deve ser arquivada:

- » **Correspondência confidencial, particular e/ou pessoal:** deve ser arquivada em pastas separadas, imediatamente após serem devolvidas pelo executivo.
- » **Correspondência geral:** segue para o arquivo conforme as técnicas empregadas no sistema de arquivo da empresa.

A classificação da correspondência é uma atribuição bastante importante, pois facilita o arquivamento e torna o processo mais lógico e fácil de ser manuseado por todos da empresa.

Classificação dos documentos para arquivo

Conforme Natalense, para facilitar a classificação dos documentos e até desenvolver o método mais adequado ao seu caso, sugerimos selecionar a documentação da seguinte forma:

- » **Correspondência interna:** comunicações internas, circulares, relatórios, memorandos, atas de reuniões.
- » **Correspondência externa:** cartas, fax, telegramas.
- » **Documentos contábeis e fiscais:** orçamentos, notas fiscais, folhas de pagamento, recibos, duplicatas, notas promissórias, letras de câmbio, cheques, faturas, borderôs etc.

É imprescindível que o secretário saiba diferenciar os tipos de correspondências, pois conhecê-las é um requisito fundamental para que consiga classificá-las.

6.3
Arquivo de documentos

A palavra *arquivo* é originária do latim *archivum*, que "representa o conjunto de documentos escritos, fotográficos, microfilmados, conservados sob custódia de uma entidade pública ou privada, podendo também ser o depósito, lugar ou edifício onde se recolhem e guardam documentos ou móvel com gavetas para guardar documentos" (Ferreira, 1999).

Praticamente todos os municípios e instituições públicas possuem o que é chamado de *arquivo administrativo* ou *histórico*, isto é, aquele que contém documentos que servem para preservar a história de uma instituição ou autenticar sua identidade e que, geralmente, ficam aglutinados em um mesmo local onde se guardam e disponibilizam os documentos gerados por uma administração.

Todas as determinações, normas e regulamentos para arquivo, tanto na área pública como na privada, são reguladas pelo Conselho Nacional de Arquivos (Conarq), instituído pelo art. 26 da Lei nº 8.159/1991, que também criou o Sistema Nacional de Arquivos (Sinar), cujo objetivo é "implementar a política nacional de arquivos públicos e privados" (Conarq, 2011). O Sinar é integrado pelo Arquivo Nacional e pelos seguintes arquivos: do Poder Executivo Federal, do Poder Legislativo Federal, do Poder Judiciário Federal, arquivos estaduais dos Poderes Executivo, Legislativo e Judiciário, arquivos do Distrito Federal dos Poderes Executivo, Legislativo e Judiciário e arquivos municipais dos Poderes Executivo e Legislativo.

Várias terminologias são utilizadas pela Comissão Especial de Terminologia Arquivística do Conarq, a saber (Medeiros; Hernandes, 2004):

1. **Administração de arquivo:** direção, supervisão e coordenação das atividades administrativas e técnicas de uma instituição ou órgão arquivístico.
2. **Administração de documento:** metodologia de programas para controlar a criação, o uso, a normalização, a manutenção, a guarda, a proteção e a destinação de documentos.
3. **Arquivamento:** guarda de documentos nos seus devidos lugares, com um sistema preestabelecido.
4. **Arquivista:** profissional que trata de arquivo.
5. **Arquivística:** princípios e técnicas a serem observados na organização, na localização, no desenvolvimento e na utilização dos arquivos.
6. **Arquivologia:** estudo ou conhecimento relativo à organização de arquivos.
7. **Descarte ou eliminação:** destruição e destituição de documentos que não tenham valor para a sua guarda.
8. **Protocolo:** setor ou procedimento para recebimento, registro, seleção, distribuição e movimentação de documentos.
9. **Seleção ou avaliação:** análise e separação de documentos para arquivo, observando suas informações, valores e temporalidade.
10. **Tabela de equivalência:** ferramenta utilizada pelo arquivista para manter os dados atualizados no arquivo; tabela em que se apresentam os dados antigos e novos, realizando-se a equivalência entre ambos, isto é, demonstrando-se o que foi modificado e o que se manteve.
11. **Tabela de temporalidade:** instrumento aprovado pela autoridade competente que define o destino dos documentos e os prazos que devem permanecer sob guarda, com estabelecimento de critérios para a sua permanência, eliminação e microfilmagem.
12. **Técnico de arquivo:** profissional de arquivo de nível médio.

13. **Técnica de arquivo ou sistema:** é o método utilizado de acordo com a finalidade e o tipo de documentos e sua utilização diária.
14. **Transferência:** mudança de documentos de um tipo de arquivo para outro.
15. **Unidade de arquivamento:** conjunto de documentos reunidos em pastas, maços ou caixas.

Essa terminologia é amplamente utilizada na área de secretariado e, além de contribuir com definições importantes, esclarece os papéis de profissionais que atuam no ramo. Tais conceitos facilitam o entendimento dos processos e do dinamismo da tarefa de arquivamento.

Funções básicas do arquivo

Temos conhecimento de que, atualmente, mesmo com a utilização do computador e de arquivos eletrônicos, muitas empresas ainda utilizam o arquivo manual. Entre as técnicas secretariais, a técnica de documentação e arquivo está entre as de maior importância para o suporte técnico que um secretário pode oferecer a uma área específica ou ao atendimento a executivos.

Sabemos da importância dos documentos utilizados na empresa, tais como: contratos, acordos e convênios, correspondências emitidas e recebidas, documentos de funcionários e jurídicos. Muitas vezes, uma empresa pequena ou média quer economizar não contratando um secretário devidamente habilitado, ou seja, com curso técnico ou superior em Secretariado. Porém, como diz o ditado popular, "o barato sai caro", pois sabemos de vários casos em que a pessoa encarregada do arquivo simplesmente perde um contrato ou documento de suma importância, acarretando para a empresa um grande prejuízo financeiro. Seria menos oneroso contratar um profissional devidamente habilitado nas técnicas secretariais, que entende a importância do manuseio, da conservação e da localização dos documentos nas instituições. Somente alguns profissionais sabem da importância do arquivo, pois são os que costumam manusear documentos em suas atividades e, por isso, dependem da boa organização desse material. São eles: advogados, que conhecem o prazo durante o qual os documentos devem ser mantidos; bibliotecários, que conhecem profundamente a importância dos documentos e seu correto armazenamento e controle; secretários, que também são preparados tecnicamente para implantar, organizar e manter arquivos adequados às necessidades da empresa.

Vejamos a seguir, na Figura 6.6, as funções básicas do arquivo na empresa, descritas na sequência (Neiva; D'Elia, 2003).

Figura 6.6 – Funções do arquivo na empresa

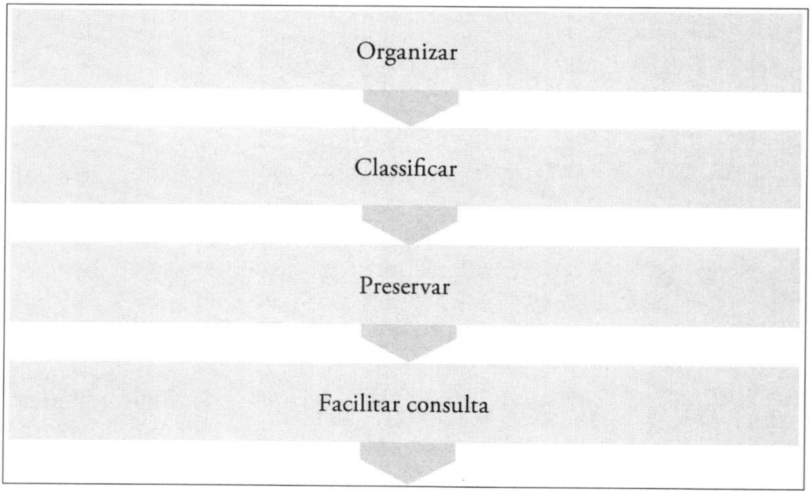

Organizar
↓
Classificar
↓
Preservar
↓
Facilitar consulta

Fonte: Neiva; D'Elia, 2003.

1. **Organizar**: colocar em ordem cronológica uma documentação, deixando-a em condições de ser consultada facilmente.
2. **Classificar**: determinar a que tipo de assunto um documento se refere para que possa ser acondicionado em pastas próprias, facilitando sua localização.

3. **Preservar:** guardar em segurança um documento em local próprio para que possa ser encontrado com facilidade.
4. **Facilitar consulta:** tornar fácil e ágil a localização de um documento. Se o secretário levar mais que dois minutos para encontrar o documento solicitado pelo executivo, isso indica que existem sérios problemas de método ou sistema de arquivamento, isto é, não está sendo utilizada corretamente a técnica de documentação e arquivo.

As quatro funções acima retratam claramente toda a importância de um arquivo e como ele facilita a organização dos documentos de uma empresa.

Tipos de arquivo

Podemos classificar os arquivos existentes nas empresas ou instituições em seis tipos, descritos a seguir (Natalense, 2000, p. 49).

1. **Arquivo ativo ou corrente:** documentação de uso frequente.
2. **Arquivo em depósito:** documentação que não pertence ao arquivo no qual foi colocada sob guarda.
3. **Arquivo intermediário:** documentação procedente de arquivo de uso frequente e que aguarda sua destinação.
4. **Arquivo permanente ou inativo:** conjunto de documentos preservados de acordo com a sua temporalidade e informação.
5. **Arquivo privado:** conjunto de documentos pessoais ou familiares referentes a indivíduos com importância histórica para um país ou empresa; serve de fonte para pesquisas históricas.
6. **Arquivo público:** documentos produzidos e recebidos por instituições governamentais, federais, estaduais e municipais em decorrência de suas atividades, ou seja, conjunto de documentos de entidades de direito privado que são encarregadas de prestar serviços públicos.

É importante conhecermos os diversos tipos de arquivos, pois cada um deles remete a um tipo de documentação. Isso facilita a nossa compreensão acerca do uso dos documentos e da importância de cada um.

Implantação, organização e administração do arquivo

Para implantar, organizar e administrar o arquivo de uma empresa, setor ou instituição, é necessário que o secretário observe várias fases, tais como:

1. **Levantamento de dados**: deve ser realizado um levantamento de toda a documentação existente em pastas, envelopes ou guardada em gavetas. A leitura de cada documento é importante para verificar do que trata a documentação da empresa ou instituição.

2. **Análise dos dados coletados**: após a leitura e a separação dos tipos de documentos, que podem ser históricos, jurídicos, correntes ou de uso diário (cartas, fax, faturas, atas), deve-se verificar o tipo de documentação com que a empresa ou instituição trabalha e como está acondicionado no atual arquivo.

3. **Planejamento**: a partir desses dados, começa o planejamento de como deverá ser implantado o arquivo, levando-se em conta as disposições legais, a temporalidade e as necessidades da empresa e/ou instituição em relação à documentação analisada. Deve-se verificar a melhor posição para acesso e utilização do arquivo, de modo que possibilite uma consulta rápida. Deve-se considerar também se a guarda permanente da documentação será realizada pela própria empresa ou terceirizada. Ainda nesta fase, pode ser definido se as informações irão ficar concentradas em um só arquivo ou se cada setor manterá seu próprio arquivo, conforme a classificação a seguir:

- Centralização: algumas empresas ou instituições possuem um arquivo central onde se guarda toda a documentação.
- Descentralização: a maioria das empresas privadas utiliza esse método, ou seja, cada setor mantém os documentos de sua área sob sua guarda, em armários próprios. Nesse caso, é recomendável levar em consideração as áreas ou setores da empresa ou instituição, havendo o cuidado para não ocorrer perda de documentação importante.

4. **Definição do tipo de arquivo:** refere-se ao tipo do local (móvel) que será utilizado após a análise do espaço e da centralização ou não da documentação. De acordo com a documentação analisada, definem-se o móvel e o modelo de arquivo ideais para o tipo de sala, documento e espaço a ser utilizado, considerando-se a praticidade e a facilidade de manutenção e localização da documentação.

5. **Definição do sistema ou método de arquivo:** após análise cuidadosa da documentação e da sua utilização, podem ser definidos quais os métodos principal e auxiliar a serem adotados, não deixando de respeitar as especificidades de cada setor ou área.

6. **Implantação e acompanhamento:** devem fazer parte do projeto de estruturação de arquivo informações a respeito de tempo de implantação e material necessário. Devem ser estabelecidas normas de uso, retirada e guarda da documentação pelos setores envolvidos, com criação de formulários apropriados de protocolo, fichas de controle e registro de documentos para que haja um funcionamento uniforme e preciso. É interessante criar um manual de utilização do arquivo, no qual sejam estabelecidos parâmetros para recebimento e protocolo de documentos, bem como de prazo para descarte, condicionamento e manutenção do arquivo.

A implantação, a organização e a administração do arquivo demonstram a complexidade dessa área e a importância do conhecimento de tais conceitos, termos e aplicabilidades. Sem tal informação, não conseguimos proceder de forma correta e profissional no bom uso de um arquivo.

Recepção da documentação

É de suma importância a recepção da documentação para o seu correto encaminhamento ao arquivo. Se a empresa possui um protocolo central em que todos os documentos são recebidos e depois encaminhados aos diversos setores da empresa, o secretário deve protocolar somente o que diz respeito à sua área de atuação. Mas nem sempre isso ocorre; nas pequenas e médias empresas, em geral, são os secretários que ficam responsáveis por receber toda a documentação da empresa e encaminhá-la para os diversos setores.

Classificação dos documentos

De acordo com (Neiva; D'Elia, 2003), os documentos, segundo suas características, conteúdo e forma, podem ser classificados como:

- » **Escritos ou textuais**: manuscritos, datilografados ou impressos.
- » **Cartográficos em formatos variáveis**: mapas, plantas, perfis.
- » **Iconográficos**: fotografias, desenhos, gravuras.
- » **Filmográficos**: documentos em películas cinematográficas, fitas magnéticas, *tapes*, com ou sem trilha sonora, fitas videomagnéticas.
- » **Sonoros**: discos e fitas audiomagnéticas.
- » **Micrográficos**: rolos, microfichas, resultantes de microrreprodução.
- » **Informáticos**: documentos produzidos, tratados ou armazenados em computador, disquete, disco óptico, disco rígido (*winchester*), CD-Rom.

O conhecimento dos documentos, como já foi comentado, é um requisito básico para que se atinja a organização de um setor ou de uma empresa e para a efetividade do uso de arquivos.

Sistemas e métodos de arquivamento

Para que o profissional de secretariado esteja certo de que seu arquivo foi organizado de acordo com as técnicas de arquivamento, o tempo gasto na procura de qualquer documento não deve exceder a dois minutos. Caso necessite de mais tempo, isso indica que seu arquivo possui problemas de armazenamento, técnicas de arquivamento e classificação de documentos. Por isso, a tarefa de classificar corretamente os documentos a serem arquivados requer tanto o domínio da técnica do arquivo quanto o conhecimento da documentação utilizada. Cada ramo de atividade exige o uso de um sistema que seja adequado ao tipo de documento que circula na organização.

Mais de um método pode ser utilizado para atender à necessidade da documentação de uma empresa. A seguir, examinamos os cinco métodos básicos de arquivo (Neiva; D'Elia, 2003).

1. **Alfabético**: é o mais simples e utilizado, principalmente nas áreas jurídica e de saúde, visto que se arquiva pelo nome do paciente ou cliente. Constitui-se em um método direto de pesquisa, em que se usa a ordem alfabética rigorosa, tanto para o nome como para o sobrenome, obedecendo-se a 13 regras de alfabetação, conforme podemos ver nas orientações que seguem.[ii]

[ii] *As 13 regras de alfabetação são extraídas de Paes, 2006.*

a. Nos nomes de pessoas físicas, consideram-se o último sobrenome e depois o prenome.

Exemplos	Arquivam-se
João Barbosa	Barbosa, João
Pedro Álvares Cabral	Cabral, Pedro Álvares
Paulo Santos	Santos, Paulo
Maria Luísa Vasconcelos	Vasconcelos, Maria Luísa

Obs.: quando houver sobrenomes iguais, prevalece a ordem alfabética do prenome.

Exemplos	Arquivam-se
Aníbal Teixeira	Teixeira, Aníbal
Marilda Teixeira	Teixeira, Marilda
Paulo Teixeira	Teixeira, Paulo
Vítor Teixeira	Teixeira, Vítor

b. Sobrenomes compostos de um substantivo e um adjetivo ou ligados por hífen não se separam.

Exemplos	Arquivam-se
Camilo Castelo Branco	Castelo Branco, Camilo
Paulo Monte Verde	Monte Verde, Paulo
Heitor Villa-Lobos	Villa-Lobos, Heitor

c. Os sobrenomes formados com as palavras *Santa*, *Santo* ou *São* seguem a regra dos sobrenomes compostos por um adjetivo e um substantivo.

Exemplos	Arquivam-se
Waldemar Santa Rita	Santa Rita, Waldemar
Luciano Santo Cristo	Santo Cristo, Luciano
Carlos São Paulo	São Paulo, Carlos

d. As iniciais abreviativas de prenomes têm precedência na classificação de sobrenomes.

Exemplos	Arquivam-se
J. Vieira	Vieira, J.
Jones Vieira	Vieira, Jones
José Vieira	Vieira, João

e. Os artigos e as preposições, tais como *a, o, um, uma, d', da* e *do*, não são considerados (ver também regra nº 9).

Exemplos	Arquivam-se
Pedro de Almeida	Almeida, Pedro de
Ricardo d'Andrade	Andrade, Ricardo d'
Lúcia da Câmara	Câmara, Lúcia da
Arnaldo do Couto	Couto, Arnaldo do

f. Os sobrenomes que exprimem grau de parentesco, como *Filho, Júnior, Neto* e *Sobrinho*, são considerados parte integrante do último sobrenome, mas não na ordenação alfabética.

Exemplos	Arquivam-se
Antônio Almeida Filho	Almeida Filho, Antônio
Paulo Ribeiro Júnior	Ribeiro Júnior, Paulo
Joaquim Vasconcelos Sobrinho	Vasconcelos Sobrinho, Joaquim
Henrique Viana Neto	Viana Neto, Henrique

Obs.: os graus de parentesco só são considerados na alfabetação quando servem de elemento de distinção.

Exemplos	Arquivam-se
Jorge de Abreu Filho	Abreu Filho, Jorge de
Jorge de Abreu Neto	Abreu Neto, Jorge de
Jorge de Abreu Sobrinho	Abreu Sobrinho, Jorge de

g. Os títulos não são considerados na alfabetação e são colocados após o nome completo, entre parênteses.

Exemplos	Arquivam-se
Ministro Milton Campos	Campos, Milton (Ministro)
Professor André Ferreira	Ferreira, André (Professor)
General Paulo Pereira	Pereira, Paulo (General)
Dr. Pedro Teixeira	Teixeira, Pedro (Dr.)

h. Os nomes estrangeiros são considerados pelo último sobrenome, salvo nos casos de nomes espanhóis e orientais (ver também regras nº 10 e 11).

Exemplos	Arquivam-se
Georges Aubert	Aubert, Georges
Winston Churchill	Churchill, Winston
Paul Müller	Müller, Paul
Jorge Schmidt	Schmidt, Jorge

i. As partículas dos nomes estrangeiros podem ou não ser consideradas. O mais comum é considerá-las como parte integrante do nome, quando escritas com letras maiúsculas.

Exemplos	Arquivam-se
Giulio di Capri	Capri, Giulio di
Esteban De Penedo	De Penedo, Esteban
Charles Du Pont	Du Pont, Charles
John Mac Adam	Mac Adam, John
Gordon O'Brien	O'Brien, Gordon

j. Os nomes espanhóis são registrados pelo penúltimo sobrenome, que corresponde ao sobrenome de família do pai.

Exemplos	Arquivam-se
José de Oviedo y Baños	Oviedo y Baños, José de
Francisco de Pina de Mello	Pina de Mello, Francisco de
Angel del Arco y Molinero	Arco y Molinero, Angel del
Antônio de los Ríos	Ríos, Antônio de los

k. Os nomes orientais – japoneses, chineses e árabes – são registrados como se apresentam.

Exemplos	Arquivam-se
Al Ben-Hur	Al Ben-Hur
Li Yutang	Li Yutang

l. Os nomes de firmas, empresas, instituições e órgãos governamentais devem ser transcritos como se apresentam, não se considerando, porém, para fins de ordenação, os artigos e as preposições que os constituem. Admite-se, para facilitar a ordenação, que os artigos iniciais sejam colocados entre parênteses, após o nome.

Exemplos	Arquivam-se
Embratel	Embratel
Álvaro Ramos & Cia.	Álvaro Ramos & Cia.
Fundação Getúlio Vargas	Fundação Getúlio Vargas
A Colegial	Colegial (A)
The Library of Congress	Library of Congress (The)
Companhia Progresso Guanabara	Companhia Progresso Guanabara
Barbosa Santos Ltda.	Barbosa Santos Ltda.

m. Nos títulos de congressos, conferências, reuniões, assembleias e assemelhados, os números arábicos, romanos ou escritos por extenso devem aparecer no fim, entre parênteses.

Exemplos	Arquivam-se
II Conferência de Pintura Moderna	Conferência de Pintura Moderna (II)
Quinto Congresso de Geografia	Congresso de Geografia (Quinto)
3º Congresso de Geologia	Congresso de Geologia (3º)

2. **Geográfico**: é utilizado quando o documento tem como aspecto principal a sua procedência ou local. É muito empregado na área de vendas, nos setores comercial, de *marketing* e de representação comercial, quando a empresa atua em regiões do seu próprio estado, em mais estados ou fora do país. Esse método deve usar o nome do estado, da cidade correspondente ou da região, sendo que as capitais devem ser alfabetadas em primeiro lugar, independente da ordem alfabética, após as demais cidades em ordem alfabética.

3. **Numérico**: é usado quando o aspecto principal do documento é o seu número. Este método subdivide-se em simples, cronológico, dúplex, decimal, dígito-terminal e método por assunto.

   a. Numérico simples: é atribuído um número correspondente a cada documento, obedecendo-se à sua ordem de entrada ou de registro, sem se preocupar com a ordem alfabética. Ex.: 01 – Empresa A, 02 – Empresa B.

   b. Numérico cronológico: além da ordem numérica, é observada a data. É muito utilizado em repartições públicas, onde se numera o documento e não a pasta. O documento recebe um protocolo, que o acompanha com uma capa de cartolina, na qual são transcritas outras informações a respeito do documento. Ex.: arquivar por data do projeto, data do contrato, data de fundação.

c. **Dúplex**: a documentação é dividida em classes estabelecidas de acordo com o tipo de documentação utilizado pela empresa. Por exemplo: uma empresa de eventos que atue em diversos tipos de eventos pode abrir pastas de acordo com os eventos realizados. Ex.: 1. Feiras / 2. Congressos / 3. Seminários.

d. **Decimal**: tem como base a técnica do sistema decimal de Melvil Dewey, que foi presidente da Associação dos Bibliotecários Americanos. Esse método foi aceito pelo Instituto Bibliográfico de Bruxelas, sendo hoje universalmente conhecido. O saber humano é dividido em nove áreas principais, reservando-se uma décima para os assuntos gerais e que não podem ser incluídos nessas nove classes. Apresenta como vantagens o fato de todos os assuntos serem incluídos num mesmo grupo de classes e os números serem fáceis de reter na memória e não terem limites para expansão.

Quadro 6.1 – Classificação de documentos segundo o código decimal

Classe	000	Administração Geral
Subclasses	010	Organização e Funcionamento
	020	Pessoal
	030	Material
	040	Patrimônio
	050	Orçamento e Finanças
	060	Documentos e Informação
	070	Comunicações
	080	(vaga)
	090	Outros assuntos referentes à administração geral
Grupo	012	Comunicação Social
Subgrupos	012.1	Relações com a Imprensa
	012.11	Credenciamento de Jornalistas

Fonte: Adaptado de Freiberger, 2010.

e. **Dígito-terminal**: é utilizado em instituições que possuem grande volume de documentos arquivados por número. Estes são numerados sequencialmente. Ex.: os números são dispostos em 3 dígitos e devem ser lidos da direita para a esquerda, como em 829.319, que se lê 82-93-19, sendo 19 o grupo primário, 93 o secundário e 82 o terciário.

f. **Método por assunto**: depende de interpretação e análise do documento para que possa ser colocado em pasta destinada ao assunto de que ele trata. Não deve ser confundido com o tipo físico do documento, ou espécie de documento, como no caso de classificar os documentos em correspondência expedida, correspondência recebida e catálogos.

Figura 6.7 – Exemplo de um planejamento de arquivamento utilizando o método por assunto

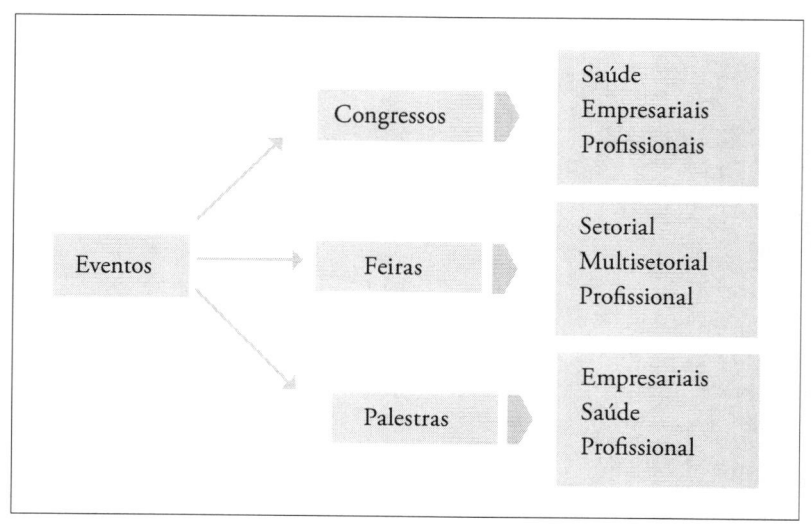

Eventos	→ Congressos →	Saúde / Empresariais / Profissionais
	→ Feiras →	Setorial / Multisetorial / Profissional
	→ Palestras →	Empresariais / Saúde / Profissional

Fonte: Adaptado de Oliveira, 2009.

4. **Filmográfico**: a opção por este sistema não deve basear-se apenas nos custos decorrentes de sua implantação, mas, sim, no fato de se tratar de um instrumento que, além de preservar documentos

originais contra roubos, incêndios e inundações, pode agilizar a recuperação de informações quando necessário.

5. **Informático**: a partir dos anos 1980, com a expansão da informática e do uso de computadores nas empresas, foram criados instrumentos para o armazenamento de informações. Muitas, não só em formato de textos, mas também de imagens e sons, são arquivadas virtualmente, possibilitando a muitos usuários acessá-las simultaneamente. Isso traz muitas facilidades para todos os interessados, principalmente pela rapidez em encontrar as informações e também pela economia de espaço físico para armazená-las.

Todas as formas de arquivamento são válidas e cada uma tem características específicas, de acordo com o seu objetivo. A escolha do melhor método depende das necessidades dos usuários.

Critérios para retenção ou eliminação de documentos

Os documentos que devem ser retidos são aqueles que prestam informações a respeito dos fatos ocorridos, contratos em geral, convênios de cooperação no que se refere à empresa e documentos comprobatórios no que se refere à pessoa física. Podem ser classificados de dois modos:

1. quanto a valores de prova: documentos de constituição da organização, tais como ata de constituição, contratos sociais, diretrizes, planejamento estratégico, relatório de atividades, pesquisas, projetos, material didático, publicações produzidas;
2. quanto a valores de informação: no que se refere a pessoas físicas e jurídicas, lugares e fenômenos.

Já os documentos que devem ser eliminados são aqueles que têm seus textos reproduzidos em outros locais, como em um arquivo digital, ou que tenham sido impressos (documentos formais, convites, cartas de agradecimento), ou ainda documentos que se tornaram obsoletos cuja informação já não possui mais significado ou importância para a administração. Esses critérios devem ser utilizados com bom senso. Às vezes, na limpeza anual e no descarte de materiais do arquivo, é eliminado um documento que é solicitado em seguida pelo executivo a quem o secretário assessora.

Transferência[iii]

É a passagem de documentos do arquivo corrente, utilizado diariamente, para o intermediário e deste para o arquivo permanente.

Não devemos pensar que os documentos do arquivo intermediário ou permanente não possuem valor para a empresa, pois não deve ser considerado o valor do documento, e sim a frequência de uso.

O ideal é que o secretário organize constantemente os arquivos para evitar a superlotação de papéis. Recomendamos que seja feita, no início do ano em janeiro, logo após o retorno das férias de fim de ano, a abertura de pastas do ano em curso. As que estiverem superlotadas deverão ter seus documentos transferidos para o arquivo intermediário, e os documentos das pastas superlotadas do arquivo intermediário deverão ser encaminhados para o permanente. O secretário deve trabalhar com pastas de três anos próximos para que possa encontrar a documentação rapidamente. Por exemplo: em 2006, os documentos de 2005 devem ser transferidos para as pastas do arquivo intermediário e os de 2004 para as pastas do arquivo permanente.

---

iii   Esta seção é baseada em Medeiros; Hernandes, 2004.

Transferências periódica e permanente

Um arquivo dinâmico é um organismo vivo, no qual sempre movimentamos documentos. O secretário deve periodicamente manusear os documentos, a fim de armazená-los de modo adequado para consulta. Para isso, devemos trabalhar com a movimentação periódica e a permanente.

» **Periódica:** é a transferência de documentos em períodos determinados (semestralmente, anualmente etc.). O secretário deve organizar seu arquivo semestralmente, no início e no meio do ano, para que mantenha seu arquivo sempre atualizado e funcional.

» **Permanente:** muitas instituições que não trabalham com o arquivo intermediário utilizam o permanente para não congestionar o arquivo corrente. É necessário elaborar um calendário na organização para que cada setor realize essa operação.

O secretário deve programar pelo menos 15 minutos diários, de preferência pela manhã ou no final da tarde, para manter seu arquivo atualizado e não aumentar o acúmulo de papéis na sua pasta de arquivo. Dessa forma, pode direcionar os documentos recebidos do executido ou por ele despachados para essa pasta e dar o tratamento adequado para cada um. É necessário disciplina para adquirir o hábito de fazer o arquivo das correspondências do dia. O secretário nunca deve adiar a tarefa de arquivar os documentos que manuseia, combatendo a tendência, vista com frequência entre secretários, de postergar atividades.

Formas de arquivamento da documentação

Existem várias opções para arquivar os documentos. Todas as variações são válidas e funcionais, e a escolha depende da forma como o secretário prefere trabalhar ou do ambiente físico. Conforme o tamanho do local, uma forma é mais conveniente que outra. O importante é que o arquivo satisfaça às necessidades de quem o utiliza e cumpra a sua finalidade.

1. **Vertical:** é o mais utilizado, visto que os documentos são dispostos uns atrás dos outros e permitem a realização de consultas rápidas sem remoção de documentos arquivados.

2. **Horizontal:** os documentos ou fichas ficam uns sobre os outros. É utilizado para arquivo de plantas, mapas, desenhos, sendo mais aconselhável para arquivos permanentes.

3. **Fichário:** é o local onde se concentram as fichas. Pode ser em formato de caixa ou em forma circular, como a ilustração mostra (ver. p. 141). Existem diversos tamanhos, dependendo da necessidade de cada um.

4. **Maleta arquivo ou pasta sanfonada:** as fichas ficam concentradas em uma maleta, separadas por indicadores. É utilizada principalmente por quem necessita remover os documentos de um lugar para outro, sendo deixada, muitas vezes, próxima à mesa de trabalho.

5. **Mapoteca:** é constituído por móveis utilizados especificamente para guardar mapas, plantas baixas, projetos ou cartas geográficas. O tamanho deve ser de acordo com o volume dos documentos que serão guardados, os quais, geralmente, não podem ser amassados nem dobrados.

6. **Rotativo:** é um móvel, desenvolvido para fins de arquivamento, onde as pastas ficam organizadas lado a lado, em um suporte rotativo, a fim de facilitar a sua busca. É bastante prático e não ocupa tanto lugar como uma estante tradicional.

Formas de arquivamento

1. Vertical
2. Horizontal
3. Fichário
4. Maleta arquivo
5. Mapoteca
6. Rotativo

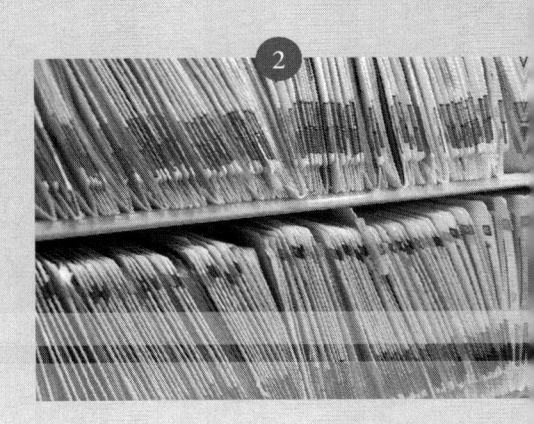

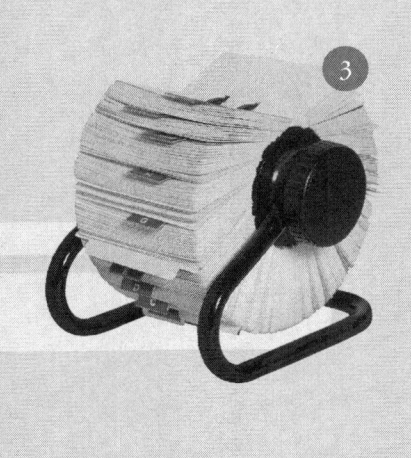

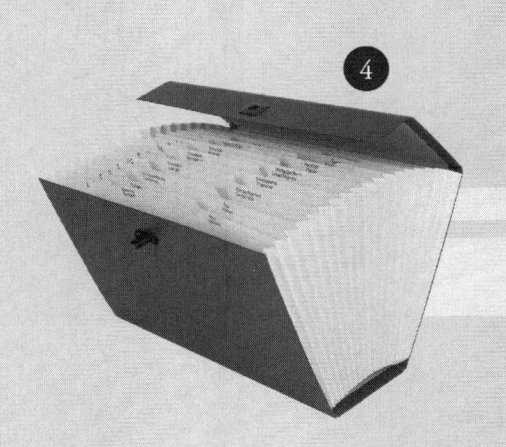

Imagens Comstock

5

Raphael Bernadelli

6

Imagem gentilmente cedida por éSISTEMAS PORTUGAL (http://www.esistemas.pt).

Para saber mais

Para se aprofundar a respeito do processo de planejamento, arquivamento e organização dos documentos empresariais, sugerimos a leitura do artigo *Arquivos e documentos empresariais: da organização cotidiana à gestão eficiente*, de Elisabeth Adriana Dudziak.

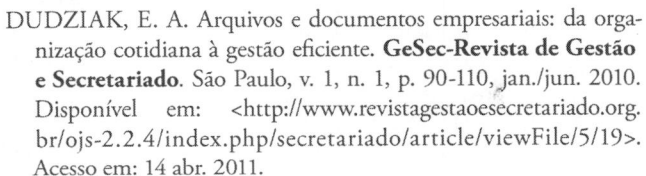

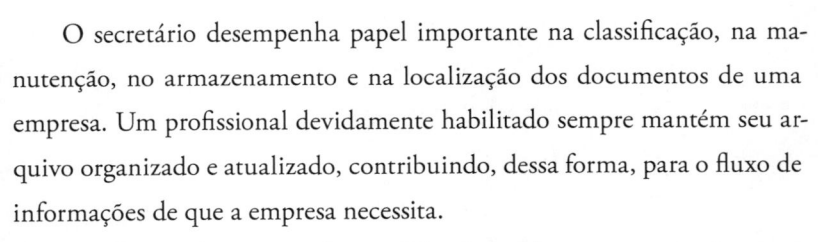

DUDZIAK, E. A. Arquivos e documentos empresariais: da organização cotidiana à gestão eficiente. **GeSec-Revista de Gestão e Secretariado**. São Paulo, v. 1, n. 1, p. 90-110, jan./jun. 2010. Disponível em: <http://www.revistagestaoesecretariado.org.br/ojs-2.2.4/index.php/secretariado/article/viewFile/5/19>. Acesso em: 14 abr. 2011.

O secretário desempenha papel importante na classificação, na manutenção, no armazenamento e na localização dos documentos de uma empresa. Um profissional devidamente habilitado sempre mantém seu arquivo organizado e atualizado, contribuindo, dessa forma, para o fluxo de informações de que a empresa necessita.

Um funcionário que tenha perdido algum documento, ou não consiga achar um contrato do ano anterior solicitado pelo executivo, provavelmente desconhece as técnicas de classificação de documentos e de arquivo, bem como a importância do correto manuseio de documentos na empresa.

O profissional de secretariado deve conhecer muito bem a importância dos documentos em uma organização e jamais tomar a atitude de descartar algo sem uma análise antecipada.

Estudo de caso

Joana começou seu primeiro emprego de secretária tecnóloga e teve como desafio inicial a organização do arquivo. A antiga secretária arquivava todos os documentos em pastas plásticas com elásticos, deixando todos os papéis soltos e as pastas empilhadas no armário de arquivo. Um dia, seu executivo lhe pediu um contrato importante e Joana procurou, procurou e nada encontrou.

Joana, então, sugeriu ao seu gerente alterar todo o sistema de arquivo para melhorar o acesso aos documentos. Primeiramente, leu toda a documentação existente para definir o sistema de arquivo que seria adotado. Depois, aproveitou o espaço na sua sala e sugeriu implantar o sistema de pastas suspensas, utilizando-se do armário existente, visto que, dessa forma, o custo seria menor, pois seria necessário apenas remodelar o móvel com varões para a colocação de pastas suspensas. Devido ao tipo de documentos constantes no arquivo, Joana adotou o método por assunto, separando cada prateleira do armário para um tema principal e os subtemas. Elaborou um cronograma de implantação, sendo que teria de aproveitar o horário da manhã para a organização do novo arquivo. O resultado foi espetacular, pois na próxima vez em que seu gerente solicitou um documento importante, Joana o encontrou em menos de dois minutos.

Síntese

Neste capítulo, abordamos a importância do planejamento, da gestão, da classificação de documentos e arquivos como algumas das técnicas que o profissional de secretariado deve dominar com excelência. Sugerimos, ainda, a classificação de correspondências e a utilização de pastas tanto na mesa do executivo quanto na mesa do secretário para organização dos documentos e controle do acúmulo de papéis. Além disso, estudamos os métodos de sistema de arquivo e tipos de mobiliário, que devem ser definidos de acordo com o volume e complexidade dos documentos pelo profissional de secretariado na sua atividade diária.

Questões para revisão

1. Quais são as funções do arquivo na empresa?

2. Quais são os tipos de arquivos?

3. Relacione os tipos de correspondência com as definições apresentadas a seguir:
   (1) Correspondência confidencial.
   (2) Correspondência geral.
   (3) Destinada ao executivo.
   (4) Destinada as outras pessoas da empresa.

   ( ) É toda correspondência nominal ao executivo.
   ( ) É toda correspondência recebida pela empresa.
   ( ) É toda correspondência destinada aos setores competentes.
   ( ) Deve ser levada fechada imediatamente ao executivo.

   Agora, assinale a alternativa que corresponde à sequência obtida:
   a) 3, 1, 2, 4.
   b) 3, 2, 4, 1.
   c) 1, 2, 4, 3.
   d) 2, 3, 4, 1.
   e) 4, 2, 1, 3.

4. Marque a alternativa que se refere a correspondências internas:
   a) Cartas; fax; telegramas.
   b) Orçamentos; notas fiscais.
   c) Circulares; relatórios; memorandos.

d) Notas promissórias; letras de câmbio.
e) Atas de reuniões; faturas.

5. O que é arquivologia?
   a) Princípios e técnicas a serem observados na organização, na localização, no desenvolvimento e na utilização dos arquivos.
   b) Profissional que trata de arquivos.
   c) Estudo ou conhecimento relativo à organização de arquivos.
   d) Guarda de documentos nos seus devidos lugares, com um sistema preestabelecido.
   e) Setor ou procedimento para recebimento de documentos.

Questões para reflexão

1. Você sente dificuldade em eliminar documentos? Por quê?
2. Qual é o sistema de arquivo mais apropriado para a sua empresa? Por quê?

Para concluir...

Neste volume, pudemos perceber que as atribuições do secretário são muito diversas e exigem uma grande diversidade de competências, conhecimentos, habilidades e atitudes.

O secretário deve ter domínio de si mesmo, autocontrole aprimorado, a fim de que consiga manter um bom relacionamento interpessoal dentro da empresa em que exerce sua profissão. Esse aspecto é fundamental, pois o secretário praticamente se relaciona, o tempo todo, com clientes internos e externos, o que exige dele também conhecimento e domínio de técnicas relacionadas à comunicação, fundamento de todas as relações humanas.

O domínio de si mesmo e a habilidade de se relacionar são, pois, os diferenciais de um secretário para que possa prestar um bom atendimento ao cliente, pessoalmente ou ao telefone.

Além dessas competências, o secretário deve ter proatividade, iniciativa e criatividade para organizar reuniões, viagens e eventos, bem como senso de organização para estruturar uma agenda com praticidade e um arquivo funcional.

Tais conhecimentos, habilidades e atitudes conferem ao secretário competência, versatilidade e preparo para o mercado atual, o qual exige cada vez mais dos profissionais da área e, ao mesmo tempo, valoriza e engrandece a profissão, tornando-a mais estratégica para as organizações.

Referências

ALMEIDA, S. **Ah! Eu não acredito!** – Como cativar o cliente através de um fantástico atendimento. 79. ed. Salvador: Casa da Qualidade, 2003.

BEE, R.; BEE, F. **Fidelizar o cliente**. São Paulo: Nobel, 2000.

BRASIL. Lei n. 8.159, de 8 de janeiro de 1991. **Diário Oficial da União**, Poder Legislativo, Brasília, DF, 9 jan. 1991. Disponível em: <http://www.planalto.gov.br/ccivil_03/Leis/L8159.htm>. Acesso em: 16 abr. 2011.

CONARQ – CONSELHO NACIONAL DE ARQUIVOS. **Sinar**. Disponível em: <http://www.conarq.arquivonacional.gov.br/cgi/cgilua.exe/sys/start.htm?sid=19>. Acesso em: 16 abr. 2011.

DESATNICK, R. L.; DETZEL, D. H. **Gerenciar bem é manter o cliente**. São Paulo: Pioneira, 1995.

FERREIRA, A. B. de H. **Novo Aurélio Século XXI**: o dicionário da língua portuguesa. 3. ed. Rio de Janeiro: Nova Fronteira, 1999. 1 CD-Rom.

FREIBERGER, Z. **Gestão de documentos e arquivística**. Curitiba, 2010. Caderno elaborado pelo Instituto Federal do Paraná para o Sistema Escola Técnica Aberta do Brasil. Disponível em: <http://ead.ifrj.edu.br/moodle_np/file.php/1/Curso_Tecnico_em_Servicos_Publicos/4o_Trimestre/Gestao_doc_arquivistica_E_PATRIMONIO_PUB_GRAFICAparte01.pdf>. Acesso em: 17 maio 2011.

GONÇALVES, R. F. **Relações humanas no trabalho**. Apostila do Senac, Curitiba, 2003.

GUIMARÃES, M. E. **O livro azul da secretária moderna**. 22. ed. São Paulo: Érica, 2005.

HOUAISS, A.; VILLAR, M. DE S.; FRANCO, F. M. DE M. **Dicionário Houaiss da língua portuguesa**. Rio de Janeiro: Objetiva, 2009.

LOTZ, E. **Atendimento ao cliente**: busca de excelência. Curitiba: Ibpex, 2003. v. 1: Cursos técnicos a distância – *Marketing* e propaganda.

MARTINS, E. **Desenvolvimento gerencial**: criando líderes de time de sucesso. São Paulo, 2006. Apostila.

MEDEIROS, J. B.; HERNANDES, S. **Manual da secretária**: técnicas de trabalho. 9. ed. São Paulo: Atlas, 2004.

MOSCOVICI, F. **Desenvolvimento interpessoal**: treinamento em grupo. 14. ed. Rio de Janeiro: J. Olympio, 2004.

NATALENSE, M. L. C. **Secretária executiva**: manual prático. São Paulo: IOB, 1998.

_____. **Secretariado executivo**. Treinamento programado a distância. Apostila, São Paulo, 2000. Apostila. v. 2.

NEIVA, E. G.; D'ELIA, M. E. S. **Secretária executiva**: educação profissional. São Paulo: IOB/Thomson, 2003.

OLIVEIRA, M. de. **Introdução às atividades de secretariado**. Curitiba: Ibpex, 2004. v. 2: Cursos técnicos a distância – secretariado.

PAES, M. L. **Arquivo**: teoria e prática. Rio de Janeiro: Fundação Getúlio Vargas, 2006.

REVELLES, R. **Relacione-se e venda sempre**. São Paulo, 2001. Apostila do HSBC.

SENAI-PR. LABTEC – Laboratório de Tecnologia Educacional. **Psicologia do trabalho**. Curitiba: Senai, 2001a.

_____. **Relacionamento interpessoal**. Curitiba: Senai, 2001b.

_____. **Relações humanas**. Curitiba: Senai, 2003.

VILAS-BOAS, M. C. **Prática de secretariado**. Curitiba: Ibpex, 2003. v.1: Cursos técnicos a distância – secretariado.

Respostas

Capítulo 1

Questões para revisão

1. Comunicação interpessoal é a troca de informações entre, no mínimo, duas pessoas. Sua importância reside no fato de ela ser o cerne de todo relacionamento interpessoal: é por meio dela que expressamos nosso pensamento e modo de ser. A forma com que ela acontece pode ajudar ou coibir nossas relações interpessoais.

2. A resposta é pessoal. No entanto, podemos perceber que todos os tipos de comunicação têm suas facilidades e dificuldades, que variam de acordo com a personalidade de cada indivíduo e a situação em que a pessoa se encontra.

3. b

4. c

5. e

Questões para reflexão

1. Embora a resposta seja pessoal, podemos considerar alguns fatores, como: saber ouvir o outro, ter transparência e clareza nas informações, saber o objetivo que se deseja alcançar com a comunicação, entre outros.

2. É importante lembrar que existem barreiras de comunicação relacionadas a questões pessoais, físicas e semânticas.

Capítulo 2

Questões para revisão

1. O amigo, o tagarela, o mudo, o orgulhoso, o tímido, o falso, o exigente, o atento, o apático, o vaidoso, o nervoso, o despreocupado e o malcriado.

2. O ególatra é exigente, confuso, detalhista, carente de muita atenção e ameaçador. O pragmático é paciente, entendedor, sistemático, estável, bom ouvinte, justo, sugere melhorias e tem seu olhar para o futuro. Já o inseguro é nervoso, hesitante, reservado, espera as coisas acontecerem e pode tornar-se agressivo. Por fim, o sociável tem facilidade em se relacionar, é apaziguador de ânimos, amigável, desinformado, indeciso e "boa gente".

3. b

4. c

5. d

Questões para reflexão

1. Podemos citar aspectos como confiança, delegação e cooperação para criar a sinergia.

2. A resposta é pessoal, pois cada indivíduo comete mais erros em determinado aspecto. Por exemplo, os erros podem ocorrer devido à falta de conhecimento técnico suficiente, ao fato de não saber lidar com clientes agressivos ou não conseguir recusar uma contraproposta.

Capítulo 3

Questões para revisão

1. Entre várias dicas citadas nos livros, podemos destacar, por exemplo: soletrar pausadamente, planejar antes de efetuar um atendimento, anotar as informações recebidas, eliminar cacoetes verbais, chamar a pessoa pelo nome, entre outras.

2. Estabelecer horário para telefonemas, filtrar os telefonemas para seu superior, reduzir ligações internas do *staff*.

3. d

4. a

5. e

Questões para reflexão

1. Podemos pensar em algumas dificuldades, como: ter de se basear em mentiras, enfrentar resistências de quem não será atendido naquele momento.

2. Sugerimos dois tipos de anotação de recados: um mais genérico e outro com mais detalhes. Por exemplo: anotar se a pessoa que ligou deseja o retorno da ligação; se há retorno da ligação; se a pessoa deseja alguma informação e se há urgência no pedido.

Capítulo 4

Questões para revisão

1. Telefones mais importantes do executivo; telefones correlacionados aos clientes; telefones de órgãos importantes; telefones de agências de viagem; anotações importantes; telefones de floriculturas e lojas de presentes.

2. Diária, semanal, eletrônica, virtual e física.

3. c

4. e

5. c

Questões para reflexão

1. A resposta é pessoal porque depende da cultura organizacional e do tipo de liderança. Existem empresas que facilitam a participação do secretário em uma reunião; outras não dão muita autonomia para o secretário assessorar as reuniões.

2. Vale lembrar que o *follow-up* é um acompanhamento de um processo, no qual podem surgir inúmeras dificuldades, como a falta inesperada de recursos, o não cumprimento de prazos por problemas humanos, entre outros.

Capítulo 5

Questões para revisão

1. Evita aborrecimentos, esquecimentos e mal-entendidos.

2. O viajante deve carregar consigo um dicionário de expressões e saudações mais comuns naquele país.

3. e

4. c

5. a

Questões para reflexão

1. A resposta é pessoal, mas podemos lembrar algumas sugestões, como não deixar objetos de valor em quartos de hotel, trancar sempre a porta, não carregar muito dinheiro, entre outras.

2. O planejamento para qualquer viagem é sempre muito importante, pois evita que aconteçam situações constrangedoras, como errar o horário do voo, esquecer o endereço do hotel etc.

Capítulo 6
Questões para revisão
1. Organizar, classificar, preservar e facilitar a consulta de documentos.
2. Ativo, em depósito, intermediário, permanente, privado e público.
3. b
4. c
5. c

Questões para reflexão
1. Muitas vezes, percebemos que as pessoas não têm conhecimento da validade de cada documento perante questões judiciais e, por isso, hesitam na sua eliminação.

2. A resposta é pessoal, mas explanamos sobre alguns tipos de arquivo, como: ativo ou corrente, em depósito, intermediário, permanente ou inativo, privado e público.

Sobre as autoras

Maria Thereza Bond é formada em Psicologia, com bacharelado e licenciatura plena. Cursou MBA em Gestão Empresarial com complemento em Magistério Superior. Dedicou-se à área da psicologia clínica e hospitalar, além de desenvolver diversos projetos voltados ao planejamento familiar e à saúde e à segurança do trabalhador. Atualmente, leciona no Grupo Uninter nos cursos presenciais e a distância e em cursos de pós-graduação em diversas faculdades de Curitiba. É coordenadora do curso de MBA em Recursos Humanos, consultora, palestrante e capacitadora de temas relacionados à área de gestão de pessoas, secretariado e qualidade. É autora de mais três livros técnicos.

Marlene de Oliveira é graduada em Secretariado Executivo, pós-graduada em Comércio Exterior e mestre em Integração Latino-Americana. Trabalha como secretária executiva desde 1971 e, na área acadêmica, coordenou o curso de Secretariado Bacharelado e Tecnológico presencial (2002-2006) e o curso Tecnólogo em Secretariado a Distância (2006-2009). Também é vice-presidente do Sindicato das(os) Secretárias(os) do Estado do Paraná (Sinsepar), gestão 2009-2013, e foi diretora suplente da Federação Nacional das Secretárias (Fenassec) no Paraná (2006-2009). Ministra as disciplinas de Técnicas Secretariais e Técnicas Secretariais Internacionais, Redação Empresarial, Cerimonial e Protocolo e Organização de Eventos. É vice-coordenadora do curso técnico em Secretariado do Instituto Federal do Paraná (IFPR).

Impressão:
Junho/2022

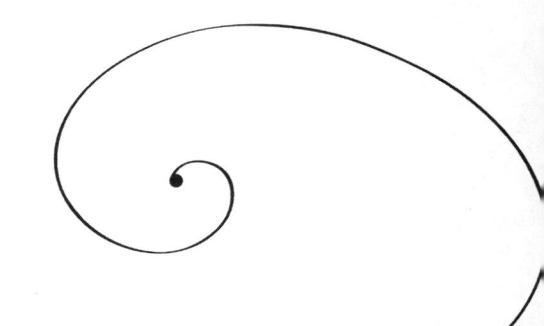